医药卫生管理专业导论系列教材

信息管理与信息系统专业导论

（第2版）

钱爱兵　主编

东南大学出版社
SOUTHEAST UNIVERSITY PRESS

图书在版编目(CIP)数据

信息管理与信息系统专业导论 / 钱爱兵主编. — 2版. — 南京：东南大学出版社，2021.12
（医药卫生管理专业导论系列教材）
ISBN 978-7-5641-9985-2

Ⅰ.①信… Ⅱ.①钱… Ⅲ.①信息管理-高等学校-教材②信息系统-高等学校-教材 Ⅳ.①G203②G202

中国版本图书馆 CIP 数据核字(2021)第 274391 号

责任编辑：陈潇潇　责任校对：子雪莲　封面设计：王　玥　责任印制：周荣虎

信息管理与信息系统专业导论（第 2 版）

主　　编	钱爱兵
出版发行	东南大学出版社
社　　址	南京四牌楼 2 号　邮编：210096　电话：025-83793330
网　　址	http://www.seupress.com
电子邮件	press@seupress.com
经　　销	全国各地新华书店
印　　刷	南京京新印刷有限公司
开　　本	700 mm×1000 mm　1/16
印　　张	10
字　　数	180 千字
版　　次	2021 年 12 月第 1 版
印　　次	2021 年 12 月第 1 次印刷
书　　号	ISBN 978-7-5641-9985-2
定　　价	32.00 元

* 本社图书若有印装质量问题，请直接与营销部调换。电话（传真）：025-83791830。

医药卫生管理专业导论系列教材编写指导委员会

主 任 委 员　田　侃

副主任委员　姚峥嵘　杨　勇

委　　　员　（按姓氏笔画排序）

　　　　　　王高玲　田　侃　华　东　汤少梁
　　　　　　孙瑞玲　杨　勇　宋宝香　张　丽
　　　　　　陈　娜　姚峥嵘　钱爱兵　熊季霞

秘　　　书　赵明星

《信息管理与信息系统专业导论》
（第2版）
编写委员会

主　编　钱爱兵

副主编　谢　靖

编　委　（以下按姓氏笔画排序）
　　　　刘艳华　李湘君　宋慧勇

序

我国的高等学校分为研究型大学、教学型大学和应用型大学。目前,综合性的院校立足于建设研究型大学,普通高等院校偏向于建设教学型大学,职业技术高校的侧重点在建设应用型大学。传统的本科教育一直注重理论教学,这种教育模式使得学生缺乏实践能力。中医药教育同时兼备了研究、教学与应用的功能,南京中医药大学为了建设一流的中医药大学,将理论性和实践性结合,推出了专业导论系列教材。

本套医药卫生管理专业导论系列教材是我校卫生经济管理学院组织教学科研一线教师精心编写的本科专业课程指导教材。本套教材首次作为各个专业的指导教材,凝结了教师多年的教学经验,从专业角度出发对课程进行全面而系统的概括。

教材着眼于新生专业课程的入门教育,希望专业导论的开展能够使学生对专业学习有一个宏观的把握,更好地了解专业课程设置的背景和目的,了解本专业中的教学要求以及存在的问题,树立正确的专业认知。教材同时对学科的发展脉络进行了梳理,能够对学生今后的学习和就业提供一定的指导和借鉴。

本套教材有如下基本特点:

1. 专业区分明确。本系列教材主要包括公共事业管理专业导论、药事管理专业导论、国际经济与贸易专业导论、大数据管理与应用导论、信息管理与信息系统专业导论、市场营销专业导论、健康服务与管理专业导论等。每本教材严格按照国家教育部专业目录基本要求和学校的专业培养目标编写,更加突出培养人才的专业性趋势,使学生更加具有社会竞争的优势。

2. 注重基础把握。在高等中医药院校中，医学卫生管理类专业属于交叉学科，也属于边缘学科，以往的教材侧重于对专业整体导向的把握，对中医药却少有涉及。本套系列教材结合中医药特色，充分研究论证专业人才的素质要求、学科体系构成，旨在培养适应社会主义新时代和中医药发展需要，同时具备中医药基本理论、基本知识、基本技能的专业人才。

3. 重视能力培养。本系列教材是为了提高学生专业能力而设置的专业导论，在课堂讲授的同时，也设置一定量的练习题，使学生能够更好地挖掘学习资源，提高学生自主学习和探索的能力。同时在一些课程中增加了实际案例，使之更具有趣味性和实用性，以进一步培养学生的专业素养。

4. 适用教学改革。按照高等学校教学改革的要求，专业导论本着精编的原则，切实减轻学生负担。全套教材在精炼文字的同时，更加注重提高内容质量，根据学科特点编写，更加切合学生学习的需要。

当前国内尚未出版针对专业教学的指导教材用书，本套系列教材也算是摸着石头过河的探索，我赞赏我校卫生经济管理学院老师认真负责的态度和锐意创新的精神，欣然应允为本套创新教材作序。

黄桂成

2014 年 9 月（初稿）

2021 年 6 月（二稿）

再版前言

为什么要写这本书

本书第一版出版至今已经过去 7 年时间,在这期间,大数据、物联网、云计算与移动互联网等新兴信息技术迅猛发展,对经济和社会发展产生了广泛而深远的影响,也深刻改变了信息的处理和利用方式,传统的信息管理、信息系统设计与运维策略已难以满足组织不断变化的业务需求,对信息管理与信息系统(以下简称信管)专业提出了许多新的挑战。

对于信管专业的新生来说,刚入学的积极性通常是非常高的,迫切想要知道自己所选择的专业学些什么,毕业以后又能做些什么工作。这些问题看似肤浅,却影响着信管新生对本专业的兴趣。

编者所在的南京中医药大学决定在各个专业的第一学期开设专业导论课程,专门解决学生对专业的困惑问题。诸如:信管专业起源于何时何处;历史沿革与发展怎样;有哪些培养目标;学科基础是什么;开设哪些专业课程;如何学好这些课程;毕业后的就业方向如何;进一步深造的上位专业有哪些;本专业领域有哪些名人、名著、名刊和相关网站;等等。

通过开设专业导论课程,学生不用陷入具体的课程和章节学习之中,却能对专业有更加全面的了解,从而坚定专业信念,筑牢专业思想,即使在学习了一两年的课程后,学生依然保有最初的学习热情,不轻易转换专业。

本书特色

本书犹如一张信管专业思维导图,让信管专业的学生在"专业丛林"中探险时不会迷失方向,既能看到一棵棵具体的树木,也能见到森林的全貌,既清楚脚下的路径,更能辨别前进的方向。

浏览一下本书的目录,您可以发现本书分为七章:第一章是信管专业的沿革与发展,包括:学科定位、学科结构、与相邻学科的关系,国内外的发展概况,医药院校信管专业的发展概况、办学方向、培养目标和专业特色。第二章介绍了信管专业培养目标及人才素质要求,包括:教育部对信管专业培养目标的定位,国内代表性高校信管专业的培养目标;信管专业人才素质结构;医药类院校信管专业人才培养上的特点及人才素质的要求。第三章是信管专业的学科基础,包括:学科的理论范式、研究方法、研究内容,信管专业的发展历程及未来发展趋势。第四章系统介绍了信管专业的课程体系。第五章阐述了信管专业的教学安排和学习方法。第六章介绍了信管专业的毕业要求、就业前景,专业相关资证考试,进一步深造的方向。第七章是信管专业的学习辅导,主要详细介绍本专业的专业名人、专业著作、专业刊物以及专业网站。通过本章的学习,可以熟悉信管专业的知名学者,知晓本专业的大致研究领域和方向;熟悉本专业的教材著作,拓展学科知识的广度和深度;熟悉相关的专业刊物和网站,了解本专业最新的发展动态和趋势,为专业学习打下坚实的基础。

本书的分工

本书的编者均是长期从事信管专业课程教学科研工作第一线的教师。为了本教材高质量地完成,所有参加编写人员经过多次讨论和交流,在交流中碰撞出火花,对问题产生出更深刻的理解。本书具体分工如下:钱爱兵构建本书框架,撰写第一章、第三章、第四章;其他章节的完成者:第二章,李湘君;第五章,宋慧勇;第六章,刘艳华;第七章,谢靖。钱爱兵对全书进行了认真的审阅和修改。

致谢

在本书编写过程中,参考了许多国内外专家的相关文献,编者所在单位的领导及同仁给予了大力支持,在此特向他们表示诚挚的感谢。

感谢东南大学出版社的陈潇潇女士,正是您的坚持、耐心、细致和认真才有了本书。

本书的编者带着最大的诚意并付出了最大的努力来编写,我们希望本书能成为信管专业的本科生进入信息管理领域的一把钥匙,能激发您深入探索信息管理的兴趣和热情,时刻秉持"信自己,管天下"的专业理念。如果能做到这一点,我们的编者就已经很欣慰了。

由于编者水平有限,书中出现错误和疏漏之处在所难免,恳请读者批评指正。

钱爱兵
2021 年 12 月于南京

目　录

第一章　信息管理与信息系统专业的沿革与发展
第一节　信息管理与信息系统专业及其相关学科 …………………… 001
一、学科定位 …………………………………………………… 001
二、学科结构 …………………………………………………… 002
三、与相邻学科的关系 ………………………………………… 003
第二节　信息管理与信息系统专业的产生与国内外发展 …………… 004
一、国外发展情况 ……………………………………………… 004
二、国内发展情况 ……………………………………………… 007
第三节　医药院校信息管理与信息系统专业的状况与特色 ………… 013
一、专业历史与现状 …………………………………………… 013
二、专业办学方向 ……………………………………………… 014
三、专业培养目标 ……………………………………………… 015
四、专业特色 …………………………………………………… 015

第二章　信息管理与信息系统专业培养目标及人才素质要求
第一节　信息管理与信息系统专业的培养目标 ……………………… 016

一、教育部制定的信息管理与信息系统专业培养目标 …………… 016
二、国内主要院校信息管理与信息系统专业人才培养目标 …… 018

第二节 信息管理与信息系统专业的人才素质要求 ……………… 020
一、基本素质要求 ………………………………………… 021
二、能力要求 ……………………………………………… 022
三、知识结构要求 ………………………………………… 023

第三节 相近专业的人才培养目标及人才素质要求 ……………… 025
一、管理科学专业培养目标及人才素质要求 …………… 027
二、图书馆学专业培养目标及人才素质要求 …………… 028
三、档案学专业培养目标及人才素质要求 ……………… 029
四、信息资源管理专业培养目标及人才素质要求 ……… 029
五、计算机科学与技术专业培养目标及人才素质要求 … 030
六、大数据管理与应用专业培养目标及人才素质要求 … 031

第四节 医药院校信息管理与信息系统专业人才培养目标及
　　　　人才素质要求的实现途径 ……………………………… 031
一、医药院校信息管理与信息系统专业人才培养目标 … 031
二、医药院校信息管理与信息系统专业人才素质要求 … 033

第三章 信息管理与信息系统专业的学科基础

第一节 专业学科的理论范式 ……………………………………… 037
第二节 专业学科的研究方法 ……………………………………… 038
第三节 专业学科的研究内容 ……………………………………… 043
第四节 专业学科的发展 …………………………………………… 044

第四章 信息管理与信息系统专业课程体系

第一节 课程设计思路 ……………………………………………… 045
一、信息管理与信息系统专业的现状 …………………… 046
二、信息管理与信息系统专业综合课程体系构建 ……… 047
三、信息管理与信息系统专业课程建设的内容与方法 … 050

第二节　课程设计原则 ································· 050
　　一、课程体系 ································· 050
　　二、设计原则 ································· 051
第三节　基础课程与核心课程介绍 ························· 052
　　一、信息管理与信息系统专业培养目标及业务培养要求 ········ 052
　　二、信息管理与信息系统专业的主干学科和主要课程 ·········· 053
　　三、信息管理与信息系统专业的业务教育的基本要求 ·········· 053
　　四、信息管理与信息系统专业课程建设的思路 ··············· 054
第四节　实验与实践教学 ································· 056
　　一、信息管理与信息系统专业毕业生实习目的 ··············· 056
　　二、信息管理与信息系统专业学生能力培养要求 ············· 057
　　三、信息管理与信息系统专业毕业生实习总体要求 ··········· 059
　　四、信息管理与信息系统专业毕业生实习内容 ··············· 059
　　五、信息管理与信息系统专业毕业生实习方法 ··············· 061
　　六、实习组织与管理 ································· 061

第五章　信息管理与信息系统专业教学安排及学习方法

第一节　教学安排 ································· 063
　　一、课程设置 ································· 063
　　二、指导性教学进程安排 ································· 071
第二节　教学环节 ································· 079
　　一、课前准备 ································· 079
　　二、导入环节 ································· 080
　　三、讲授新课 ································· 080
　　四、课堂小结 ································· 080
　　五、巩固练习 ································· 081
第三节　学习方法建议 ································· 081
　　一、大学的学习特点 ································· 082
　　二、大学学习之道 ································· 084

第四节　考核要求 …………………………………… 088
　一、课程考核 ……………………………………… 088
　二、毕业实习考核 ………………………………… 091
　三、毕业论文考核 ………………………………… 093
　四、毕业考核 ……………………………………… 095

第六章　毕业与就业及继续教育

第一节　毕业要求 …………………………………… 096
第二节　就业前景 …………………………………… 098
　一、政府和事业单位的职业领域 ………………… 098
　二、医疗卫生机构的信息管理部门 ……………… 102
　三、企业中的职业领域 …………………………… 105
第三节　专业相关资证考试 ………………………… 108
　一、企业信息管理师简介 ………………………… 109
　二、企业信息管理师的职业能力要求 …………… 110
　三、企业信息管理师的职业前景 ………………… 112
第四节　学历深造 …………………………………… 114
　一、国内读研 ……………………………………… 114
　二、出国深造 ……………………………………… 120

第七章　信息管理与信息系统专业学习辅导

第一节　专业名人 …………………………………… 123
　一、陈传夫 ………………………………………… 123
　二、陈国青 ………………………………………… 124
　三、蔡淑琴 ………………………………………… 124
　四、胡祥培 ………………………………………… 125
　五、黄梯云 ………………………………………… 125
　六、刘杰 …………………………………………… 126
　七、马费成 ………………………………………… 126

  八、沈固朝 …………………………………………………… 127

  九、苏新宁 …………………………………………………… 127

  十、孙建军 …………………………………………………… 128

  十一、薛华成 ………………………………………………… 128

  十二、朱庆华 ………………………………………………… 129

 第二节 专业名著 ……………………………………………… 130

  一、《管理信息系统》(第7版) …………………………… 130

  二、《信息管理学基础》(第3版) ………………………… 130

  三、《管理信息系统原理与应用》(第2版) ……………… 131

  四、《管理决策分析》(第3版) …………………………… 131

  五、《信息管理与信息系统概论》(第4版) ……………… 132

  六、《信息资源管理》(第2版) …………………………… 132

  七、《信息检索(多媒体)教程》(第3版) ………………… 132

  八、《信息分析:基础、方法及应用》 ……………………… 133

  九、《信息经济学:如何对信息资产进行定价、管理与度量》…… 133

  十、《信息计量学概论》 ……………………………………… 133

  十一、《信息组织》(第2版) ……………………………… 134

  十二、《信息时代的管理信息系统》(原书第9版) ……… 134

  十三、《大数据分析与挖掘》 ……………………………… 135

  十四、《信息源和信息采集》 ……………………………… 135

  十五、《竞争情报理论、方法与应用》 …………………… 136

  十六、《信息检索导论》 …………………………………… 136

  十七、《运筹学》(原书第2版) …………………………… 137

 第三节 专业名刊 ……………………………………………… 137

  一、《科学计量学》(双月刊) ……………………………… 137

  二、《情报处理与管理》(双月刊) ………………………… 137

  三、《情报学杂志》(双月刊) ……………………………… 138

  四、《情报展望》(月刊) …………………………………… 138

  五、《图书馆学情报学文摘》(月刊) ……………………… 138

  六、《情报学文摘》(双月刊) ……………………………… 139

七、《情报学报》(月刊) …………………………………… 139
八、《管理工程学报》(季刊) …………………………… 139
九、《数据分析与知识发现》 …………………………… 140
十、《电子与信息学报》(月刊) ………………………… 140
第四节 专业相关网站介绍 ……………………………… 140
一、e线图情(http://www.chinalibs.net/) ……………… 140
二、中国科学技术情报学会竞争情报分会(http://www.scic.org.cn/)
……………………………………………………………… 141

参考文献 …………………………………………………… 142

第一章 信息管理与信息系统专业的沿革与发展

第一节 信息管理与信息系统专业及其相关学科

一、学科定位

信息管理与信息系统学科是一门集信息技术与管理科学于一体的交叉学科。一般来说,交叉学科总是通过若干不同传统领域的相互作用、相互联系,在衔接处产生。计算机及其他现代信息技术属于传统的工科领域,而信息管理在我国则属于管理学领域。科学技术发展的最终目的是为人类的生产、生活和文明进步服务,高速发展的信息技术自然要广泛地应用到信息管理中来。在信息管理中应用现代信息技术,自然就产生了信息管理与信息系统这一新兴的交叉学科。

一门学科的产生与发展,基本动因不外乎两个方面:一是学科发展的内在逻辑,二是社会发展的需要。对于信息管理与信息系统这样一门年轻的学科来说,其学科发展的内在逻辑是信息管理与信息系统学科创生的必要条件,社会的需要是信息管理与信息系统学科发展的充分条件,信息管理与信息系统学科正产生于二者的交汇点。社会发展呼唤信息管理的进步与创新。信息管理在经济和社会发展中的作用加强,加速了信息管理与信息系统学科的出现。从一定意义上来说,科学技术能否顺利转化为生产力,在一定程度上取决于信息管理活动的科学性与合理性。20世纪60年代兴起于西方发达国家的信息管理与信息系统学科,经历了几十年的快速发展之后,现在已经形成一定的理论框架体系,成为管理学与经济学重要的分支学科之一。创建信息管理与信息系统学科是社会发展的必然要求。

从宏观的学科范围来看,信息管理与信息系统学科是一门介于计算机科学与管理科学之间的边缘学科,其研究对象是信息的管理效果,计算机技术与管理科学的相互促进、相互制约的关系,通过信息管理手段、职能为信息用户做出合理化决策提供依据,从而将信息管理的先进性和信息管理的科学性统一起来。

二、学科结构

信息管理学是研究科学地组织信息管理工作的理论与应用方法的一门学科。它是信息学与其他学科相互渗透而形成的交叉学科,同时又是管理学的子学科。另外,作为独立的学科,它的理论研究相对落后于应用研究。因此,人们将信息管理学的内容结构分为两个层次:基础理论与应用理论。与此对应,可以将信息管理学分为理论信息管理学和应用信息管理学。

通过学科之间的相互渗透、融合建立新学科,已经成为学科发展的一个重要途径。在管理科学发展相对成熟、高新技术大规模应用的今天,处于管理科学与信息技术交叉区域的信息管理学成为二者发展的必然产物。信息管理与信息系统学科的构建在一定程度上延伸了管理科学的研究层面,使得管理理论、思想渗透到信息活动中,实现从信息活动角度审视人的社会管理活动,探索信息管理领域带有共性的管理问题。

1. 理论信息管理学科

理论信息管理学科的主要研究内容包括信息管理的基本理论和信息科学理论。信息管理的基本理论主要研究信息管理的定义、特征、分类、范畴、基本功能等,还包括信息管理的原则、方法、体系结构以及信息管理的计划、组织、领导控制、信息管理的形成和发展等。信息科学理论主要研究信息的本质、信息的运动规律、利用信息进行控制和优化的原理等,其主要支柱是信息论、系统论和控制论。

2. 应用信息管理学科

应用信息管理学科主要从企业信息管理、政府信息管理、信息生产管理、信息系统管理和信息产业管理等5个方面开展研究。

(1) 企业信息管理主要研究如何利用现代信息技术对企业生产经营过程中各环节所涉及的信息进行收集、整理、分析和利用,配合企业的人、财、物,实现企业的目标。

(2) 政府信息管理主要研究政府部门的信息管理、信息化和自动化等。

(3) 信息生产管理主要研究信息产品的开发和生产的理论和方法,包括信息的采集、鉴别、筛选、整序、激活、存储、传播的机制和方法。

(4) 信息系统管理主要研究信息系统的分析、设计、实施、评价和维护,组织信息资源的配置,信息系统管理与组织竞争战略的关系等。

(5) 信息产业管理主要研究信息产业的产业发展和管理模式、产业政策、产业立法、传统产业信息化,以及产业结构、产业关联、产业组织等产业经济问题和产业管理的关系问题等。

一个完整的学科知识体系结构是由一些基本的知识单元、知识板块、基本理论、应用领域等要素有机构成的,最初是相关的基本要素形成一定的学科结构,在这个学科结构的基础上构建较为完整的知识体系,从而形成一门独立的学科。在现代学科飞速发展的今天,一些独立的学科有可能再作为另外一门学科的基本要素去构建新的交叉学科。信息管理与信息系统学科发展正符合这一规律,在信息管理与信息系统完整的学科体系没有构建起来之前,其分支学科相对活跃,一些分支领域学科经过发展之后又成为构建信息管理与信息系统学科的基本要素。

三、与相邻学科的关系

教育部认为信息管理与信息系统学科的基础构成是:现代管理科学(现代管理的基本概念和原理)、现代信息科学与信息技术(掌握技术手段的使用)、现代系统科学与系统工程(提供系统思想和方法)。在划分与"管理科学"的关系时,考虑到信息管理是现代管理中的一个具有普遍意义的重要方面,信息系统与信息管理专业需将管理科学作为自己的学科基础之一,但与"管理科学"的区别在于该专业的重点是"信息"管理,并且要大量使用现代信息技术来管理。

第二节　信息管理与信息系统专业的产生与国内外发展

1998年,教育部颁布的《普通高等学校本科专业目录和专业介绍》将1994年目录的"经济信息管理""科技信息""信息学""林业信息"和"管理信息系统"合并为"信息管理与信息系统专业"。据不完全统计,国内设有信息管理与信息系统专业的院校有170多所,各类学校均有各自的历史渊源及科学特点。"综合性、实用性、先进性"等交叉学科特性为不同学科信息管理与信息系统专业的学科发展保留了余地与发展空间。

一、国外发展情况

早期的企业管理,都是靠花费大量的人力、物力进行信息管理,过程既长又烦琐,缺少灵活性和永久性,不能适应信息的突变或满足适时查询的要求。而计算机信息管理技术彻底改变了传统的管理和记录的方式,它既具有及时性,又具有系统性,可以在短时间内完成信息的分类和编辑,还可以及时地反馈和方便地修改,彻底地实现了无纸管理和系统规划。

20世纪50年代,人们就开始尝试使用计算机来辅助管理,这是管理信息系统早期的形态,这时的信息系统称为电子数据处理系统(electronic data processing,EDP)。60年代,信息系统突破了传统的数据处理的范围,形成了独特的理论并创建了成功的范例。

信息管理与信息系统专业的起源可以追溯到20世纪60年代末。1967年第一个管理信息系统(MIS)专业在美国明尼苏达大学建立,在专业教育产生初期,具有影响力的人物是明尼苏达大学卡尔森管理学院的著名教授

Gordon B. Davis，他认为这门学科是一个利用计算机系统软件和硬件、手工作业、分析、计划、控制和决策模型以及数据库，它能提供信息支持企业或组织的运行、管理和决策功能。1968年开始有一些关于信息系统和信息管理的文章发表，"管理信息系统"一词开始流行。第一个教师小组的成立和学科专业方向的形成，引发了管理信息系统的第一次浪潮。管理信息系统具有交叉学科的性质，是计算机科学、管理科学及行为科学等学科的交叉组合。

20世纪70年代初有了第一批管理信息系统的博士生，管理信息系统专业迅速扩展，众多院校纷纷设立管理信息系统计划。20世纪70年代末至80年代初是管理信息系统走向成熟和全面发展的时代。全球范围内已有一批学校设立了管理信息系统专业，其中侧重理论研究的有麻省理工学院（MIT）和哈佛大学，侧重管理的有明尼苏达大学（UMN）和印第安纳大学，侧重技术的有纽约大学（NYU）和亚利桑那大学。专门的理论刊物 MISQ（*Management Information Systems Quarterly*）也已出版，编辑部在明尼苏达大学。1979年美国开始举办全国的管理信息系统会议——ICIS（International Conference on Information Systems），该会议每年举办一次，是世界MIS的顶峰会议。每次会议约有1 000人参加，几年就发布一次指导性教学计划。

从20世纪90年代开始，管理信息系统进入了二次完善、创新阶段。BPR、Internet、E-COM等都给管理信息系统注入了新的活力，使得管理信息系统成为热门专业。作为全球范围内信息系统和信息管理方面最重要的专业学术团体之一，信息系统协会（Association for Information Systems，AIS）在这一时期成立。在AIS成立之前，大部分的信息系统学者都是其他协会，比如国际计算机学会（Association for Computing Machinery，ACM）、国际电气与电子工程师协会（Institute of Electrical and Electronics Engineers，IEEE），以及国际运筹学与管理科学学会（Institute for Operations Research and Management Sciences，INFORMS）等的成员。虽然这些协会就信息系统学科诸多方面的研究组成了一些特别兴趣小组，但整个学科缺乏统一的声音。因此，AIS不仅将对整个信息系统学科起到持久的领导作用，也将为该学科指明发展方向。此外，AIS还为其成员提供一些特定的服务（比如会议和期刊）。信息系统学科第一次拥有了自己的协会，而这个协会也为这个研究领域赢得了独立的身份和地位。AIS 成功说服美国商学联合会（American Association of Collegiate Schools of Business, AACSB）将信息管理列入它所承认的商学课程中，这也是它早期的成就之一。

到了 21 世纪，信息管理与信息系统专业走向了成熟。表现在：

① 研究方法和途径的多样性已经在很高级别上被广泛地接受。信息系统领域所有的重要期刊都拥有自己的高级编辑和副编辑，而这些编辑具有使用定性和定量研究方法以及从事实证性和解释性研究的专业知识。这意味着那些长久以来存在于提倡某种特定（有时是不太成熟的）研究方法的研究者之间的内耗几乎已消失殆尽。这一趋势的进一步推论是人们对于研究质量的关注逐渐增加。期刊的编辑们只愿意接收那些符合特定的标准并且对这个研究领域的知识有所贡献的论文，不论文章使用了哪些研究方法和途径。

② 本专业许多会议都组织得很出色而且具有很高的威望。这些会议包括国际信息系统年会（ICIS）、亚太信息系统年会（Pacific Asia Conference on Information Systems, PACIS）、信息系统协会中国分会年会［China Association for Information Systems(CNAIS) Conference］。PACIS 将亚太地区的信息系统研究者汇聚在一起，而 CNAIS 主要服务于中国的信息系统学者。毫无疑问，ICIS 则是信息系统研究领域的顶级会议。

③ 本专业许多期刊的声望和地位都非常出众。例如 MSS 已经成为 ACM、IEEE 和 INFORMS 管理类期刊（如 *Journal of the ACM* 等）之首。而且，*MIS Quarterly* 比许多著名的管理类期刊，如 *Academy of Management Review*, *Administrative Science Quarterly* 和 *Management Science* 等的排名更高。此外，有两种信息系统期刊入选 *Financial Times* 评选出的商学学术期刊"40 强"名单（它们分别是 *Information Systems Research* 和 *MIS Quarterly*）。这些成就意味着本专业的一些出版物中至少已经有部分具有相当的声誉。也表明了信息系统研究已经被广泛地引用，并得到高度评价。就学科研究领域而言，在 21 世纪的前 10 年，研究者们对企业系统、组织间系统和知识管理产生了浓厚的兴趣。研究者们也十分关注电子贸易、电子商务、电子政务和移动系统这些领域。

二、国内发展情况

随着20世纪70年代中后期电子计算机在管理领域的广泛运用,信息管理与信息系统专业在我国随之发展。中国人民大学于1978年最先设立了"经济信息管理"专业,1980年清华大学设立了"管理信息系统"专业。20世纪80年代初期的代表院校主要有北京大学、中国人民大学、山东大学等。21世纪初期上海财经学院、南开大学国际企业管理系、湖北财经学院等也都曾开设这一专业。

从改革开放开始,这一专业的教育状况发生了巨大变化。其中,国家政策的调整突出表现在:1998年7月教育部的专业设置调整规定,把原有的经济信息管理、管理信息系统、科技信息、图书情报检索、信息学和林业信息管理等5个专业合并为"信息管理与信息系统"专业,作为"管理科学与工程"一级学科下的一个二级学科。1999年4月,教育部高教司将信息管理与信息系统专业的培养目标和骨干课程研究作为课题进行立项。1999年底,全国已有151个全日制高等学校设立了这个专业,75所高校的信息管理与信息系统专业在江苏省进行招生。根据教育部颁布的《普通高等学校本科专业目录(2012年)》,信息管理与信息系统专业的学科、专业代码及可授予学位情况如下:

12　学科门类:管理学

1201　管理科学与工程类

120102　信息管理与信息系统(注:可授管理学或工学学士学位)

信息管理与信息系统专业由于依托的院系不一样,性质也有所不同。一般来说,有在商学院/经济管理学院具有经济学性质的,有在管理学院具有管理性质的,还有在计算机学院具有计算机性质的。另外,还有林业信息管理、农业信息管理、医学信息管理等专业。关于信息管理的学科属性,学界普遍认为它既不是社会科学,也不是自然科学,而是由社会科学、自然科学和科学技术相互渗透综合而成的综合性学科。因此,可以这样认为,作为管理学下位学科类的信息管理是由经济学、数学、计算机科学、管理学等学科交叉渗透而形成的综合性交叉学科。

根据信息管理与信息系统专业来源的不同,可以将该专业的发展模式归纳为以下三种：

1. 管理学院或工商管理学院下设的信息管理与信息系统专业

这是信息管理与信息系统专业的主要发展方向，代表学校有清华大学和复旦大学。

清华大学于1979年建立了经济管理工程系，招收"经济管理、数学与计算机应用"本科专业。该专业融经济学、数学与计算机于现代管理之中，是当时新兴的交叉学科，也是中国最早招生的信息管理与信息系统专业之一。从2002年开始，经管学院将原来的信息管理与信息系统、金融学（国际金融与财务方向/保险与风险管理方向）、会计学和经济学4个本科专业集合，以"工商管理类"的名义按照大类招生并统一进行两年的平台培养。这不仅开创国内经济管理类本科教学改革之先河，而且由于清华大学本身就不分经济学院和管理学院，更体现了经管类大学科的融合。这一结合了IT与经管的学科随着企业资源规划（ERP）、供应链管理（SCM）、客户关系管理（CRM）以及电子商务理念的流行显示出新的魅力，而清华大学在与之相关的信息技术和工业工程学科方面的领先地位也巩固了这一专业的实力。在专业领域内，知名的教授学者之一就是管理工程类学科专业带头人、清华大学管理信息系统专业的领导创建人之一薛华成教授。清华大学信息管理与信息系统专业的人才培养几乎是全方位的，如涉及经济学、信息技术、工业工程、管理科学与工程。当然也只有清华大学才能拥有这些资源，目前大多数学校还是以培养管理型人才为主。

复旦大学于1985年组建了管理学院，信息管理与信息系统专业隶属于该学院。复旦大学宣称其目标是以信息系统（包括电子商务）的应用、管理为主要研究对象，以如何利用信息技术/信息系统提高竞争能力和管理水平为目标，开展基础理论、企业管理模式、信息系统战略规划、信息系统及其管理、信息系统开发方法、信息技术应用等方面的教学和科研。他们的定位是："针对企业所面临的挑战，提出具有基于信息技术/信息系统的组织和管理解决方案的能力；具有信息系统应用与开发的能力，包括管理系统和信息系统分析、设计、编程的能力；具有信息管理的能力，包括信息资源管理、系统实施管理、信息系统评价等能力；具有科学研究的能力。"这代表了大多数管理学院的主流培养目标。

此外浙江大学、华中科技大学、华东理工大学、青岛大学等也是如此设立。一般而言,这类专业所属学院的实力很强,学生除学习信息管理与信息系统专业知识外还要学习大量的经济管理课程,知识背景比较过硬,就业前景也很好,属热门专业。当然各学校的人才培养侧重点是不一样的。

2. 由原来的图书馆学、情报学与档案学相关院系发展成为独立的信息管理(资源)学院系,下设信息管理与信息系统专业

这类学院以前的学科实力较强,形成了自己的学科队伍和优势学科,很难和其他院系合并。他们往往设立独立的信息管理学院,负责本校的信息管理学科的发展,如武大信息管理学院、北大信息管理系等。人大在进行学科调整的过程中曾经有意将信息学院的信息管理与信息系统专业和档案学院的信息管理与信息管理专业合二为一,但基于原来的学科规划,最终还是以档案学院自行组建信息资源管理学院告终。这也可以理解为一种无奈的选择,但更可理解为一种困境突围的努力。

武汉大学信息管理学院是我国历史最久、规模最大的信息管理学教育、研究机构。学院下设信息管理科学系、图书馆学系、档案学系和出版科学系等5个专业(信息管理与信息系统、电子商务、图书馆学、档案学、编辑出版学)和6个研究所及研究中心(图书馆学情报学研究所、数字图书馆与电子档案研究所、出版科学研究所、文献学研究所、中国科学评价研究中心、知识产权高级研究中心)。同时,作为国家教育部人文社会科学重点研究基地的武汉大学信息资源研究中心,依托于学院建立。该中心是信息管理与信息系统专业领域唯一一所经教育部批准的重点研究基地。国家信息化推进办公室正式批准依托学院和中心建立国家信息资源管理武汉基地、中国电子商务研究与发展中心以及联合国教科文组织信息软件推广培训中心等。该中心拥有情报学和图书馆学两个国家级重点学科,图书馆、情报与档案管理及管理科学与工程两个一级学科博士点,图书馆情报与档案管理博士后流动站,以及图书馆学、情报学、档案管理、信息资源管理和出版发行管理学科博士学位授权点。在谈及信息管理与信息系统专业时,它这样定位:"本专业研究信息资源的结构和特征,信息系统开发与设计的理论、原则和方法以及信息技术的各种应用,解决信息的收集、处理、控制与利用以及信息系统的开发与管理等一系列重要问题,为决策管理、生产经营和科学研究提供高质

量的信息服务,培养具有现代管理科学基础、熟练掌握现代信息技术手段和信息管理与信息系统的理论、方法,能从事信息管理以及信息系统分析、设计、开发、管理和规划工作的高级专门人才。"我们不妨再来追溯一下信息管理学院的发展历史:"1978年以来,在国内率先创办了科技情报专业(现为信息管理与信息系统专业),1983年创办了我国第一个图书发行专业(现为编辑出版学专业),1984年经教育部批准建立了图书情报学院并于同年重建档案学专业,2001年创办了电子商务本科专业。信息管理学院在1978年招收第一届研究生。1981年建立图书馆学硕士点,1984年建立情报学硕士点。1990年建立情报学博士点,1993年建立图书馆学博士点。2000年批准获得图书馆、情报与文献学一级学科博士学位授予权。2001年更名为信息管理学院。2002年图书馆学和情报学两个博士点学科被批准为国家重点学科。2002年12月建立信息资源管理博士点、出版发行学博士点。2003年管理科学与工程批准获得一级学科博士学位授予权,并被批准建立图书馆、情报与文献学博士后流动站。"尽管在外人看来,武汉大学的信息管理与信息系统也不过是由图书馆情报学发展过来的,但我们从它的学科演进史可以明确看出今日的"信管"已不是昔日的"图情"了,尤其是管理科学与工程博士点的获得,更昭示了武汉大学信息管理与信息系统专业的壮大。无论在学科设置还是人才培养上,既包含原来的老学科,又积极发展新型相关学科,两相结合,相互促进。从这个意义上看,如果我们假定信息管理学院有一种固有的组建模式,武汉大学的信息管理学院无疑是不错的选择,它的学科转型也是最成功的。

中国人民大学有两个学院同时开设这一专业:中国人民大学信息学院是在20世纪70年代末,以信息技术在经济管理中的应用为目标,在国内最早建立的信息技术领域的科学研究和人才培养的基地之一。20多年来,它以现代信息技术在国民经济各个领域的应用为目标,在计算机科学技术、运筹学、数量经济学、企业管理、信息服务等领域中开展科学研究和人才培养,为我国信息化事业培养了大批骨干。信息学院的前身——经济信息管理系成立于改革开放初期。1978年5月,以萨师煊、江昭、陈余年、魏晴宇、赵树嫄等教授为代表的一批既有献身精神,又了解现代科学技术前沿的老一辈教授、学者,在各级领导的支持和帮助下艰苦创业,做到当年建系当年招生,创建了我国高等学校中第一个以信息技术在经济管理领域中的应用为特色的系科。1994年初,经济信息管理系与校信息中心合并,组建了信息学院。信息学院下设3个系——计算机科学与技术系、经济信息管理系、数学系;8个教研室;2个实验室——信息技术综合实验室(面向本院)、计算机公共实验室(面向全校);2个研究所——数据与知识工程研究所、运筹学与数量经济研究所;3个本科专业——信息管理与信息系统、计算机科学与技术、数学与应用数学;2个博士点——数量经济学、计算机应用技术;6个硕士点——计算机应用技术、计算机软件与理论、系统理论、数量经济学、运筹学与控制论、基础数学;代管中国人民大学经济科学实验室;承办《投资与证券》(月刊)。现有博士生导师6名,分别指导数量经济学、西方经济学、计算机数据库技术、企业管理方向的博士生。在1994年之前,信息学院基本上就是经济信息管理系,经过资源整合之后,才把发展方向转到了计算机科学技术和数学上来。所以该院信息管理与信息系统专业以学习计算机知识为主,兼及经济管理。该校档案学院在原设档案系的基础上,于2001年9月增设政务信息管理系;在全国率先设置档案学硕士点(1982)之后,又增设图书馆学(1998)、情报学(2002)2个硕士点并相继招生;历史文献学(含档案学)博士点已于1994年设立;本科教育在巩固发展原有档案学专业的基础上,增设信息管理与信息系统专业(政务信息管理方向);初步形成了学科方向明确、专业结构合理、教育层次完整的教学体系。该学院在学科转型中遇到的最大困难是与该校信息学院学科设置上的重复(信息管理与信息系统),最后只好区分为不同的方向,这一问题其实是决定该学院能否顺利实现转型的关键,也制约转型的可行性。还有一个问题是如何在转型过程中保持传统档案学科的特色。档案学不仅包含技术上和管理上的内容,也包含人文性与文化的含义,在今天信息时代技术至上的潮流中,档案学如何保持它的文化内涵显得尤其突出。该校校长在该院调研时也特别指出,要避免校内学科过分交叉和注意保存自己的特色等问题,可谓一语中的。2003年年末,该院在原档案学院的基础上组建信息资源管理学院,这可视为该院的转型,或更准确一点说是一种无奈下的超越。假以时日,该院应该可以以武汉大学的模式来规划发展前景,成为真正意义上的信息资源管理学院。而信息学院的发展前景应该是以技术为导向的。

3. 原来图书馆、情报与文献学院系设立,其院系规模比较小,在学科调整过程中它们大多隶属于大院之下,形成比较精干的教师队伍类

这种发展模式应该是大多图书馆、情报与文献学学科转型的可行之路,可以利用所属学院的资源,形成自己的学科特色,如中山大学就把信息管理系划归了信息科学与技术学院,南京大学在公共管理学院下设信息管理系。这种模式在有图书馆、情报与文献学背景的高校中还是有代表意义的,如西北大学公共管理学院、吉林大学管理学院、安徽大学管理学院等都属于这种类型。

南京大学于1940年成立图书馆学专修科,但不久就中止,图书馆学专业教育在20世纪40年代中期至70年代中期停顿,"文化大革命"结束后,在图书馆开始大发展的70年代末期又得到恢复。1978年恢复建立图书馆学专科,招收学员共30人,这些人大多成为江苏省各类图书馆的骨干。1985年恢复图书馆学系,1988年更名为文献情报学系,1992年更名为信息管理系。信息管理系现设有图书馆学、信息学、档案学、计算机信息管理4个教研室,有专职教师29人,其中教授9人,副教授16人。设有"国家信息资源管理南京研究基地"的"信息数字化集成实验室",另外还设有"南京大学信息产业研究所""南京大学信息技术开发研究所""南京大学出版科学研究所"。国内外10余名知名教授被聘为信息管理系的兼职教授。信息管理系现有情报学博士学位授予点,图书馆学、情报学、档案学3个硕士学位授予点,图书馆学、档案学、信息管理与信息系统、编辑出版4个本科学士学位专业。1995年起对全校开设了商务秘书、计算机信息管理2个副修专业,商务秘书副修专业还对在宁高校各专业本科生开放。南大信息管理系隶属于公共管理学院,它的发展导向也是大公共管理,为社会培养信息管理和图方面的人才。南京大学公共管理学院是培养和造就从事行政管理、社会管理、信息管理、教育管理和思想政治工作等专门人才的重要基地,是一所多学科结合渗透、富有时代特色的新型学院,设有政治与行政管理学系、社会学系、信息管理系以及高等教育研究所和德育教研室,现有3个博士点、9个硕士点和公共管理硕士(MPA)专业学位点。

中山大学信息科学与技术学院始建于1996年1月,1997年7月重组,现由计算机科学系、电子与通信工程系、信息管理系、计算机基础教育中心、计算机软件研究所、计算机应用研究所、电气及工程软件研究中心等7个单

位组成,隶属于该院的信息管理系建立于 1980 年。建系 20 多年来,信息管理系通过不断的改革和发展,现已成为国内同类院系中较有影响,在海外也有一定知名度的院系之一。现已拥有图书馆学、档案学、信息管理与信息系统 3 个本科专业,图书馆学、档案学、情报学 3 个硕士点,正在申报图书馆学博士点。已初步形成了以本科教育为主,大专、本科、硕士研究生等多层次、多类型、多学科的专业教育体系,本科专业数和硕士点数均居全国多所高校同类院系的前列。应该说像中山大学这样将信息管理系设在信息技术学院里的大学并不是很多,尤其是有图书馆、情报与文献学背景的。但是不可否认的是这种做法无疑有利于技术与管理的结合,以及培养学生的计算机水平。从这个意义上来说,中山大学的资源整合也是一个不错的尝试。

第三节 医药院校信息管理与信息系统专业的状况与特色

一、专业历史与现状

随着信息技术的迅速发展和医院信息化水平的提高,对医学信息管理人才的迫切需求已成为全球性的问题。

1. 国外发展概况

国外该专业的发展最早可以追溯到 20 世纪 60 年代初期美国进行的 HIS(hospital information system, HIS)开发。HIS 处理的信息几乎覆盖医疗卫生领域的所有信息,主要由 3 部分组成:① 以医院管理为中心的医院管理信息系统(hospital management information system, HMIS);② 以病人为中心的临床信息系统(clinical information system, CIS);③ 以医学知识为中心的医学文献服务信息系统(medical information system, MIS)。

国外该专业的研究主要集中在使用计算机技术管理医学信息和知识,以便为医院临床、管理和科研服务,其研究具有相对较长的历史,且研究成果达到相当的广度和深度。目前,以支持临床工作的 CIS 为研究重点,内容主要包括医疗卫生信息系统、医疗决策支持与质量保证、电子病历与整合信息系统等。

2. 国内发展概况

国内信息管理与信息系统(医学)专业是在医学图书情报学的基础上发展起来的。截至 2013 年底,全国共有 36 所医药类高校开设信息管理与信息系统专业,其中西医院校 25 所、中医院校 9 所、药科院校 2 所。

1985—1987 年教育部和卫生部先后批准在白求恩医科大学、同济医科大学、中国医科大学和湖南医科大学开办医学图书情报专业。该专业侧重于医学文献信息的处理,学生计算机能力普遍偏弱,无法适应应用计算机技术管理医学数据和信息的现实需要。

进入 20 世纪 90 年代,随着全国各行各业信息化进程的推进,1998 年在教育部对高校的专业设置的调整中,该专业归并到"信息管理与信息系统"这一大专业下,并对该专业内容进行了较大的调整,增加了信息科学、计算机科学的有关内容,且逐渐加大其比例。

国内 HIS 的建设虽已有十多年,但仍然以人、财、物管理为基础的 HMIS 为主要研究内容,对提高医疗质量和临床工作效率的 CIS 却在近几年才有少数有识之士开始关注,导致国内现有的 HIS 基本上多呈只有 HMIS 而没有 CIS 的"跛腿"现象。与国外相比,我国高层次医学信息管理人才匮乏,信息管理与信息系统(医学)专业发展基础薄弱,且由于各医药院校开设该专业的基础和背景不同,造成该专业课程设置存在一定的不规范性和随意性。

二、专业办学方向

综合分析国内外信息管理与信息系统(医学)专业的办学实践,该专业的办学方向主要包括以下三种:

一是以医学图书情报为依托的医学信息管理专业,突出医学信息资源管理、建设、检索及服务等研究;二是以计算机科学为依托的信息管理与信息系统医学专业,突出计算机技术在医学信息处理中的应用,注重医学信息系统(目前主要是医院信息系统)软件设计、系统开发及集成的优势;三是以预防医学为依托的卫生信息统计专业,突出卫生统计学在医学数据分析处理中的应用、医学统计软件的开发及应用。

可见,医学信息管理专业有的偏信息管理,有的偏计算机信息处理,有的偏信息统计分析。这是由于医学信息学学科本身所固有的交叉性和综合性,使得早期医药院校在医学信息学专业人才培养上自然分化为不同方向。

但笔者认为,无论办学侧重点如何,该专业应突出以计算机科学技术为医学信息管理或为医学信息系统开发服务。培养的毕业生所从事的领域,可以面向技术,也可以面向业务。

三、专业培养目标

教育部目录规定的信息管理与信息系统专业的培养目标是:培养具备现代管理科学理论知识,熟练掌握现代信息技术手段和系统工程方法的综合型、实用型人才。该专业的学生毕业后应当能够从事各级各类信息管理工作,从事各种类型的信息系统建设和管理工作。

领会教育部目录精神,结合医学专业特点,信息管理与信息系统(医学)专业的培养目标为:培养具有坚实的生物医学知识、现代管理科学理论,系统地学习基础医学概论、临床医学概论、现代医药卫生管理基础知识,熟练掌握以计算机科学技术为主的现代医疗卫生信息技术和以医院信息系统为核心的医药卫生信息系统分析与设计方法,具有较高的外语、数学能力的高级复合型、实用型人才。该专业的学生毕业后应当能够在医学各领域从事各种信息管理以及信息系统规划、分析、设计、实施、管理和评价工作。

四、专业特色

信息管理与信息系统(医学)专业发端于医学信息学专业,该专业是以系统论、计算机科学技术为理论基础,以医学数字化管理为目标,涵盖医学信息采集、数据编码、数据存储与传输、生物医学信号处理、医学图形和图像、医学信息获取、医学知识库、智能专家系统、人体生理统计系统、计算机仿真和医药信息工程等众多的概念和范畴,是集医学、信息科学和管理学等学科于一体的新兴的交叉边缘学科。研究内容基本覆盖现代医学计算机应用的所有知识和技术,覆盖医学研究领域的所有方面。

第二章
信息管理与信息系统专业培养目标及人才素质要求

第一节 信息管理与信息系统专业的培养目标

一、教育部制定的信息管理与信息系统专业培养目标

教育部在《普通高等学校本科专业目录和专业介绍(1998)》中首次提出了信息管理与信息系统专业的培养目标。后来教育部管理科学与工程类学科专业教学指导委员会于2008年提出了"高等学校信息管理与信息系统本科专业规范(草案框架)",在维持原培养目标的主体思想基础上做了进一步完善,同时该规范提出了培养规格、培养要旨、教育内容和知识体系以及教学条件等一系列要求。最新版的《普通高等学校本科专业目录和专业介绍(2012年)》(简称"2012版专业介绍")在上述文件的基础上,结合学科发展需求进一步修订了信息管理与信息系统专业的培养模式,成为指导本专业教学的纲领和对本专业建设的总体要求。

"2012版专业介绍"中确定的信息管理与信息系统专业培

养目标为:信息管理与信息系统专业培养适应国家经济建设、科技进步和社会发展的需要,德、智、体、美全面发展,具有高尚健全的人格、一定的国际视野、强烈的民族使命感和社会责任感、宽厚的专业基础和综合人文素养,具有一定的创新能力和领导潜质,具备良好的数理基础、管理学和经济学理论知识、信息技术知识及应用能力,掌握信息系统规划、分析、设计、实施和管理等方面的方法与技术,具有一定的信息系统和信息资源开发利用实践能力和研究能力,能够在国家政府部门、企事业单位、科研机构从事信息系统建设与信息管理工作的复合型高级专门人才。

该培养目标分层次说明了对信息管理与信息系统本科学生的共同要求,对管理科学与工程类本科生的要求,对信息管理与信息系统专业本科生的特殊要求,以及本专业的职业特征。

① 本科学生的共同要求:信息管理与信息系统专业培养适应国家经济建设、科技进步和社会发展的需要,德、智、体、美全面发展,具有高尚健全的人格、强烈的民族使命感和社会责任感、宽厚的专业基础和综合人文素养,具有一定的创新能力和领导潜质。

② 对管理科学与工程类本科生的要求:具备良好的数理基础、管理学和经济学理论知识。

③ 对信息管理与信息系统专业本科生的特殊要求:具备良好的信息技术知识及应用能力,掌握信息系统规划、分析、设计、实施和管理等方面的方法与技术,具有一定的信息系统和信息资源开发利用实践能力。

④ 能在国家各级管理部门、工商企业、金融机构、科研单位工作。这是本专业体现的时代特点,当今任何一个部门都离不开信息化。

⑤ 信息管理与信息系统专业的职业特征:在国家政府部门、企事业单位、科研机构等组织从事信息系统建设与信息系统管理工作。

根据"2012版专业介绍"指出的该专业的培养目标要求,信息管理与信息系统专业本科专业学生的培养主要针对社会职场中的一类职业,而不是某个行业。职业是对个人在社会中所从事工作的分类,例如会计职业、教师职业、信息管理职业、网络管理职业等。而行业是对社会企事业组织机构所从事工作的分类,例如医药行业、教育行业、汽车行业等。有些专业的培养目标是以针对某个行业为主,以针对职业为辅,例如汽车设计专业、护士专业、药学专业等。信息管理与信息系统专业主要针对各行各业中的信息管理人员，同时也包括部分计算机软件行业，因此该专业学生的培养针对的正是信息管理这类职业。

二、国内主要院校信息管理与信息系统专业人才培养目标

1. 清华大学信息管理与信息系统专业人才培养目标

清华大学的信息管理与信息系统专业是全国最早建立的管理信息系统专业之一，是一门融合管理学、信息科学、经济学、行为学、社会学等领域知识的新兴交叉学科。经过20多年的发展，培养体系日臻完善，2/3的课程采用英语教学，学生将具备运用基础性的信息通信技术的技能（包括坚实的数理基础、必要的信息技术技能、扎实的商务数据分析能力），以作为职业起步阶段的优势能力，同时拥有良好的管理潜质（包括国际化的经济学视野、系统的管理学修养以及出色的沟通能力），以支撑未来向高层管理岗位的发展。

清华大学信息管理与信息系统专业伴随着互联网、物联网、云计算、大数据、人工智能等新技术的发展不断成长和成熟，以其内在的"创新"和"颠覆"的基因，培养和造就对信息技术与管理理论具有深入的理解和敏锐的洞察力、适应未来社会发展需要的高素质人才。培养把握数字经济时代的商务活动规律，能够开发和运用信息技术及数理方法以优化管理、提升绩效、引领创新的复合型管理人才。学生毕业后可进入各类企业与政府部门，从事大数据分析与管理、互联网与商务智能建设、管理决策分析及运营优化等工作。主要的就业企业类型包括国内外知名的咨询公司、金融机构、政府机关、电信公司、互联网企业等。目前毕业生大部分（70%以上）选择继续深造，在国内外攻读硕士和博士学位。

2. 复旦大学信息管理与信息系统专业人才培养目标

复旦大学信息管理与信息系统专业的前身是管理科学系管理信息系统专业，要求学生具有扎实的数学基础、丰富熟练的计算机技能、宽广实用的管理知识和系统深入的信息系统应用与管理能力。该系以信息系统战略与管理、商业分析与大数据、新一代电子商务等为主要研究对象。本科生的主

要培养目标为:深度理解信息技术,理解企业内外信息资源的管理与运用,利用大数据进行商务分析的能力,利用信息技术进行商务创新的能力。

信息管理与信息系统专业主要培养具有如下能力的高级人才。① 大数据与商务分析方向:要求学生掌握信息系统管理、信息技术基础、商务创新和商务分析的技术,希望学生在数据技术时代跟上大数据潮流,掌握一定的数据分析能力。② 电子商务方向:要求学生具备商务创新、商务分析、信息系统管理和信息技术基础,能够参与电商运营,担任商务主管等高级人才,甚至开展电子商务方面的创业。③ 管理信息系统方向:要求学生具备商务创新、商务分析、信息系统管理和信息技术基础知识模块,能够参与信息系统建设,掌握系统设计与运用,未来能够成为企业CIO。

本专业要求学生有扎实的数学基础,包括数学分析、应用统计、运筹学等;要有丰富熟练的计算机技能,包括软硬件、数据库、通信网络、电子商务技术等;要有宽广实用的现代企业管理知识,包括企业战略管理、生产运营管理、市场营销、财务与会计;要有系统深入的信息系统应用与管理的知识,包括电子商务、移动商务的运用与管理,也包括企业内部各种系统的战略管理、项目管理与管理方法论;利用大数据进行商务分析和商务创新的能力,包括利用信息系统记录、收集的数据支持企业决策,进行大数据和商务分析,以及利用数据和信息技术设计新的商务模式和决策模型。

3. 武汉大学信息管理与信息系统专业人才培养目标

武汉大学信息管理学院是我国历史最久、规模最大的信息管理学教育、研究机构。该校信息管理与信息系统专业培养具有信息管理学基础,具备较高的信息素养,掌握系统思想以及信息系统设计与开发方法等方面的知识与能力,能在国家各级管理部门、工商企业、金融机构、科研单位等从事信息管理以及信息系统分析、设计、实施、管理和评价等方面工作的高级复合型、创新型人才。

武汉大学信息管理与信息系统专业特色:信息管理与信息系统研究信息的构成分布与特征,信息系统开发与设计的理论、原则和方法,解决信息的获取、加工、检索、控制和利用等一系列重要问题,为科学研究和管理决策提供高质量的信息服务。

培养要求:本专业学生主要学习经济、管理、数量分析方法、信息资源管理、计算机与信息系统方面的基本理论和基本知识,得到系统分析和设计方法以及信息管理方法的基本训练,具备综合运用所学知识分析和解决问题的基本能力。

4. 南京大学信息管理与信息系统专业人才培养目标

南京大学信息管理与信息系统专业于1992年设立,其前身是情报学专业。该专业指导思想是从信息处理加工的流程出发,将此过程中涉及的各种知识按照逻辑顺序进行整理,从信息的生产、流通,到信息的检索、组织、分析和评价,最后到信息服务,形成了具有特色的专业课程体系。专业更名后,重点增加了信息技术方面的课程,强调将信息技术领域最新成果吸收到信息资源管理领域中。更名后培养目标是:培养理论基础厚、知识面宽、技术能力强、从事信息管理和信息技术工作的,具备现代管理学理论基础、计算机科学技术知识及应用能力,掌握系统思想和信息系统分析与设计方法以及信息管理等方面的知识与能力,并能在国家各级管理部门、工商企业、金融机构、科研单位等从事信息管理以及信息系统分析、设计、实施管理和评价等方面工作的专门人才。网络信息资源、数字图书馆、电子商务、图像处理、元数据、网络营销等反映时代特色的新内容,均列入课程体系中。大部分课程都采用了多媒体教学手段,信息检索等多门课程已作为网络辅助课程挂在网络教学平台上。2019年该专业获评国家级一流本科专业。

第二节 信息管理与信息系统专业的人才素质要求

信息管理与信息系统,就是以信息科学、管理科学和系统科学等为主要支撑的交叉融合型专业等,通过计算机技术对海量的数据进行收集和信息处理,使之成为有用的信息,然后通过科学的统计学原理对信息进行过滤和分析进而形成知识,最终目的就是运用所获取的知识来做出正确的决策。2016年,在高等教育委员会发布的本科专业备案与审批结果中,信息管理与信息系统专业正式成为新工科建设专业。新工科建设理念和发展模式的不断推进下,对于信息管理与信息系统专业的人才素质能力培养提出了更高的要求。人才的培养不仅看重数量,更要看重质量,尤其是在新工科这一理念提出后,如何培养高质量的技术、经济、管理、社会等领域职责是能力并重且能主动适应大数据环境下的海量信息管理的需求。信息管理与信息系统专业要结合当下新工科的发展趋势,制定人才培养计划,将传统的信息管理技术与大数据等新兴技术相结合,从而培养出符合社会需求的人才。

根据教育部不同高校专业目录中给出的培养目标的要求,并参照一般的教学计划,新工科背景下信息管理与信息系统专业本科生的培养要求包括基本素质要求、能力要求和知识要求三大方面。具体来讲包括:

一、基本素质要求

现代信息管理人才是复合型人才。所谓复合型,是指在知识上是计算机知识、管理知识和本单位业务知识的复合;在能力上是技术能力、沟通能力、规划方案能力、组织协调能力的复合。一个组织对内部的信息管理人才的素质通常具有较高要求,素质是以人的生理和心理实际作为基础,以其自然属性为基本前提的。也就是说,个体生理、心理的成熟水平的不同决定了个体素质的差异,因此,对人的素质的理解要以人的身心组织结构及其质量水平为前提。作为一名好的信息管理人才,必须具备良好的基本素质,比较突出的要求是如下五种基本素质:

1. **爱岗敬业**

具有强烈的事业心和责任感,在从事职业过程中享受乐趣,而非过于功利。可以选择职业,也可以选择单位和岗位,但是不可以在岗位上敷衍和应付。

2. **热爱学习并善于学习**

学校的学习不可能完全满足工作需要,今天的知识不可能永远够用,必须在工作中不断学习,将学习作为一种终身习惯。进入工作岗位后的学习方式与在校学习方式不一样,虽然包括读书学习,但是更重要的往往是通过观察、培训、请教、沟通、感悟、实践总结、阅读相关文件和论文等方式学习,只有善于学习才能尽快适应新的情况。

3. 善于合作

信息管理工作不是单打独斗，需要各方面的理解与配合，善于沟通与团队合作是做好本职工作的重要素质。

4. 系统思考

信息管理工作往往涉及方方面面，所以考虑问题要全面，要考虑各种要素及其关系，纵向分层、横向分类。

5. 服务观念

组织机构进行信息管理是为了向各级管理者提供信息服务，所以要具有理解用户需求、为用户服务的观念。

二、能力要求

信息管理与信息系统专业本科生的专业能力要求主要包括获取知识能力、应用知识能力和创新能力三个方面。

1. 获取知识能力

包括注重专业知识学习，提升新工科技术应用和创新思维；应用本专业知识与技能从事本职工作，自主学习，不断充实。

2. 应用知识能力

积极参加实习、实践，通过参与科研活动、社会公益活动、实验课、专业实习活动等，在实际项目中切实锻炼数据可视化、数据处理与挖掘技术，以及信息系统规划、分析、设计和系统开发能力。

3. 创新能力

指跟踪本专业技术发展，创新意识强，积极参与本学科、本专业研究，主动了解本学科发展趋势，结合社会需求有针对地提升自己的能力。

近年来，从对用人单位和毕业生进行的调查以及相关教学研究来看，上述能力要求实际是相当高的要求。有些能力的习得要求学生在不同的方面花费大量时间。这些要求不但体现了层次的不同，还体现了学习深造领域的不同，例如："信息系统设计和实施能力"要求学生在计算机技术方面具有较好的知识和技能；"通过数据分析等手段支持管理决策能力"要求学生具备较深厚的数理基础和对管理业务的较深刻理解。要在四年内同时达到这些要求,对于多数学生来说是有困难的,所以不同类型的大学在本科教育阶段的侧重点也有不同。本专业人才培养目标及规格基本定位于"应用研究型"和"技术型"这两种类型。"应用研究型"培养规格,侧重于数理基础、专业理论和专业方法的训练以及研究潜力的培养;"技术型"(或称"应用型")培养规格,侧重于大数据处理、信息技术与工具的训练以及信息系统应用实践能力的培养。不同学校的本专业具有不同特色。

三、知识结构要求

信息管理与信息系统专业由于兼顾"信息"与"管理"两个方面,同时考虑信息系统的应用行业领域等问题,因此要求本专业学生在知识结构上要同时兼顾管理、经济和信息技术等多个方面,在知识结构上具有多重特性。但不同学校根据各自的培养目标,对学生在上述三个方面的知识结构要求的侧重点存在一定的差异。一般而言,信息管理与信息系统专业本科生在管理学知识、经济学知识和数据处理知识结构上具有如下特点:

1. 管理学知识

管理学知识的作用:首先,主要提供与经济生活、生产制造等领域相关的管理学理论与方法,为理解系统的管理模式、管理原则、管理理念和管理流程提供知识基础。其次,生产生活、社会运转在某种意义上都是一种管理的过程。只有深刻理解管理的流程和业务,才能从中分析、提炼出数据,才能寻找到管理过程中的信息流,才能将具体的管理过程提升为信息管理过程,进而为设计信息系统提供支撑。最后,管理知识是本专业的基础和支柱,是设计软件的前提,是正确使用计算机知识的前提。

管理学相关课程或知识可以分为如下三个方面:

① 工商管理领域,分为企业文化、研发与技术创新管理、战略管理、人力资源管理、运作管理、市场营销、财务管理、企业理论、电子商务、非营利组织管理和服务管理11个小类。

② 管理科学与工程大类,分为信息技术与管理、预测理论与技术、评估理论与技术、复杂性研究、数量经济分析理论与技术、组织行为与组织理论、工业工程、决策与对策理论、运筹与管理、管理系统工程、一般管理理论、管理心理与管理行为、管理科学与管理思想史、项目管理和知识管理15个小类。

③ 宏观管理与政策大类，分为图书情报档案管理、金融工程、金融管理、产业与行业管理、公共管理与公共政策、资源与环境管理、区域发展与管理、宏观经济战略与管理、农林经济管理、财税管理和科技政策与管理 11 个小类。

管理学其他专业相关课程推荐：生产制造管理知识，主要是工业工程知识，比如生产管理、生产组织、生产调度、优化技术等；物流工程知识；企业管理知识；系统工程知识；供应链管理知识；客户关系管理知识。

2. 经济学知识

经济学知识的作用：首先，提供与经济生活、生产制造等领域相关的经济学理论与知识，为理解系统目标与系统外部环境提供支撑。其次，生产生活、社会运转在某种意义上都是为了经济学上的"最有利"。在设计系统的时候首先要理解系统的目标，同时信息管理领域正在不断超出传统资源管理范畴，不管是转向经济生活各个领域，还是逐渐转向无形的管理领域，都需要具有经济学背景。最后，经济学知识是本专业的基础知识和背景知识，是扩展专业应用的基础。

经济学相关课程或知识：宏微观经济学、政治经济学、应用经济学、数量经济学等。

3. 数据处理知识

计算机知识的作用：首先，提供软件开发的思想、方法和工具，提供系统分析与设计的方法和工具。其次，信息的处理主要通过计算机来完成，管理的实现要借助计算机，复杂劳动的处理需要借助计算机。系统的预测也需要借助计算机，目前计算机技术已深入各个领域。再次，计算机知识是本专业的核心知识和技能知识，是本专业工作的工具和手段。最后，本专业学习计算机知识不仅是为了了解计算机，而且是为了使用计算机工具来解决与信息相关的管理问题。

数据处理相关课程或知识主要包括三个方面：

① 软件知识：程序语言，即编写软件的工具，如 C++、Java 语言等；软件工程，即关于管理软件生产过程的知识；操作系统，即讲解操作系统（如 Linux 系统）工作原理；管理信息系统，即管理信息化方面的知识；应用软件使用，即某些软件（如 Office、Flash、Photoshop、3DMax 等）的使用学习。

② 计算机相关课程或知识：数据库知识，包括数据库原理、数据开发和数据库应用三个方面。其中数据库原理主要介绍数据库基本理论及数据库设计知识；数据库开发主要指数据库应用系统开发，如数据库原理与应用、Oracle 数据库；数据库应用则主要针对数据库设计与数据库建设；网络知识，包括网络工程和网页制作两个方面。其中网络工程主要针对网络架构、建设和维护计算机物理网络；而网页制作则指设计每一幅网页页面素材及布局，如 Web 程序设计。

③ 大数据处理知识：统计学、数据挖掘、Python 大数据分析、数据可视化、云计算基础、Hadoop 等课程相关知识。其中统计学和数据挖掘主要介绍数据分析的基本理论，Python 大数据分析、数据可视化、Hadoop 主要介绍大数据处理的软件实现过程。

第三节 相近专业的人才培养目标及人才素质要求

社会经济的发展尤其是信息化影响到高等教育学科体系中的每一个专业，而信息管理专业受到的影响尤其强烈。因为从某种意义上讲，信息管理专业直接是社会信息化的产物。信息管理专业受到的信息化大潮的影响，在国家教育主管部门专业设定的游移变迁中可以清楚地看到。在 1993 年以前国家教委颁布的《普通高等院校本科专业目录和专业简介》中，图书馆学和情报学并列为理学门类中的一级学科，其中"情报学"分为科学技术情报学、社会科学情报学、农业情报学和医药情报学 4 个专业。到 1993 年 7 月，该专业目录修订本中，设置"图书、信息、档案"一级专业学科，归入历史学门类。另设科技信息与管理专业、管理信息系统专业、经济信息管理专业和林业信息管理专业，分别归入理学门类、工学门类、经济学门类和农学门类。这时，完全取消了"情报学"的称谓，而代替以"信息"或"信息管理"，分散在众多的专业门类中。1998 年 4 月，教育部办公厅下发的《普通高等学校本科专业目录（草案修订稿）》又将这些分散的专业连同"信息学"专业集拢，统称为"信息管理"，归于管理学门类一级学科"管理科学与工程类"之下成为二级学科,另在"管理学"门类下设"图书、档案学类"一级学科。至1998年下半年,教育部高教司正式颁布的《普通高等学校本科专业目录和专业介绍》中将上述5个专业合并,称为"信息管理与信息系统",至此,这一专业的学科名称从"情报学"到"信息学"再到"信息管理与信息系统",其学科归属从理学门类到历史学门类又到理学门类、工学门类、经济学门类、农学门类,再到管理学门类。

2012年9月,教育部为贯彻落实教育规划纲要提出的要适应国家和区域经济社会发展需要,建立动态调整机制,不断优化学科专业结构的要求,对1998年印发的普通高等学校本科专业目录和1999年印发的专业设置规定进行了修订,形成了《普通高等学校本科专业目录(2012年)》。2012版目录中明确指出信息管理与信息系统专业属于管理学类中的管理科学与工程一级学科,并表明该专业可授予管理学或工学学士学位,同时单独设立图书情报与档案管理类,将原来的图书学、档案学和信息资源管理归于这一门类下。信息管理学科称谓的游移和归属的变迁,反映了学科发展的不确定性和多歧性。而学科发展的这种不确定性发生在社会信息化的大背景下,因此,只有对社会信息化宏观格局有所了解,对于学科产生发展的来龙去脉考察清楚,才能更深刻地认识和把握信息管理专业教育的现状,但这已经不重要了。在这三种模式的趋同倾向的专业发展过程中,本专业更准确和切合实际地对信息管理学予以定位。具体到各大学,20世纪70年代末各大学纷纷创办"经济信息管理""管理信息系统"等专业,培养信息管理类人才。1998年国家通过专业目录调整,将原有的管理信息系统、经济信息管理、信息学、科技信息、林业信息管理5个专业统一名称为"信息管理与信息系统"。为适应信息科学技术发展的要求,原来的图书馆系、情报学系和档案学系也大多更名为"信息管理系",除继续设立原有专业之外,还增设新的信息管理与信息系统专业。如1992年,北京大学"图书馆学情报学系"更名为"信息管理系"。随后,北京师范大学、南开大学、中山大学、华中师范大学、湘潭大学、华东师范大学等15所院校的图书馆学情报学系相继易名为"信息管理系"或相关系名,并纷纷增设新的专业方向,调整课程结构。截至2019年全国共有606所高校开设信息管理与信息系统专业。

近年来,随着大数据技术的广泛应用,2017年教育部修订普通高等学校本科专业目录,审批设置了大数据管理与应用专业,该专业的内容与信息管理与信息系统专业具有一定的相近性。在 2020 年教育部公布的《2019 年普通高等学校本科专业备案和审批结果》中,13 所高校撤销了信息管理与信息系统专业,52 所高校新增大数据管理与应用专业。这里我们就可以看出信息管理与信息系统专业的来源和发展趋势:① 由管理学院或工商管理学院等管理类型的学院创立,这些信息管理与信息系统专业学生还要学习大量经济管理类课程,知识结构比较合理,如清华经管学院、复旦管理学院和人大信息学院都是这种形式;② 另一种由图书馆、情报与档案管理类院系创立的信管专业具有原来的学科背景,学生除学习计算机知识和管理类课程之外,也还要学习少量图书馆、情报与档案管理知识,以体现学科特色,如南京大学信息管理系、中山大学信息管理系、武汉大学信息管理学院和中国人民大学信息资源学院都是这种类型;③ 还有一种是理工大学设立的信管专业,这类高校则以培养技术型人才为主,这主要由学校性质或学科规划决定。学科的发展及专业归属表明,信息管理与信息系统专业的相近专业主要包括:管理科学、图书馆学、档案学、信息资源管理、计算机技术、大数据管理与应用。

一、管理科学专业培养目标及人才素质要求

1. 培养目标

管理科学专业采用先进的教学理念和方法,借助领先的管理软件实验室,培养能够从事产业分析、市场研究、管理运作、决策分析和信息管理的数据分析高级人才;使学生掌握扎实的管理科学与工程的理论,熟练运用数量分析方法与信息管理技术,分析和处理复杂的管理问题,适应企业管理数量化、国际化和信息化的要求。

该专业培养具备必要的数学、经济学、计算机应用基础,具有扎实的管理学科的基本理论和基本知识,具备用先进的管理思想、方法、组织和技术以及数学和计算机模型对运营管理、组织管理和技术管理中的问题进行分析、决策并组织实施的高级专门人才。管理科学专业的前身是中国人民大学商学院工程管理专业(项目管理方向),2007 年获教育部批准转为管理科学专业。该专业的设立紧扣市场需求,顺应了管理日益数量化、信息化的大趋势。它依托中国人民大学商学院管理科学与工程系,该系有一支学术精

湛、国际化程度高的教学科研队伍。该专业重视学生管理素质、数量分析与决策能力的培养,注重国内外最新教学和科研成果的应用。

2. 人才素质要求

该专业学生主要学习数学、计算机、经济学、统计学、运筹学、生产与运营管理、市场营销、会计学、财务学、国际金融与贸易等管理基础学科的基本理论和基本知识,具有定量分析、决策、管理沟通和组织实施的能力以及计算机应用能力,熟练掌握英语。

学生应获得以下几方面的知识和能力:掌握管理学科的基本理论、基本知识和方法;具有定量分析和计算机应用的基本能力;具有基本的管理沟通、协同合作和组织实施的工作能力;熟悉有关管理的方针政策和法规;了解管理科学的应用前景;掌握文献检索、资料查询的基本方法,具有初步的科学研究和实际工作能力;具备一定的调研能力和分析综合能力;具有扎实的知识基础,能够应用运筹学方法进行建模和决策分析。

二、图书馆学专业培养目标及人才素质要求

1. 培养目标

图书馆学(library science)是研究图书馆的发生发展、组织管理以及图书馆工作规律的科学。其目的是总结图书馆工作和图书馆事业的实践经验,建立科学的图书馆学的理论体系,以推动图书馆事业的发展,提高图书馆在人类社会进步中的地位和作用。图书馆学是一门正在发展中的科学,现代图书馆学融入了多种属性的科学内容。随着社会和科学技术的进步,特别是人类对信息、文献交流的需要日益增强,图书馆学的研究和应用的前景将更加广阔。

2. 人才素质要求

该专业培养具备系统的图书馆学基础理论知识,掌握现代信息技术、管理科学知识和计算机技术,具备熟练地运用现代化技术手段组织、检索、分析、评价和开发利用信息的能力,能在图书馆、信息服务机构和各类企事业单位的信息部门从事信息服务及管理工作,适应经济和社会发展需要的厚基础、宽口径、高素质、强能力的创造型、创新型、创业型复合人才。

三、档案学专业培养目标及人才素质要求

1. 培养目标

档案学以档案、档案现象及档案工作规律为研究对象。其基本任务是：在研究档案和档案工作发展规律的基础上，提出档案工作的科学理论、原则与方法，指导档案工作实践，提高档案管理的科学水平，以便充分实现档案的价值，为各项社会实践服务。档案学的研究对象与任务，从根本上规定了档案学的研究内容和学科体系。

该专业培养具有系统的档案学基础知识和政务信息管理的基本知识，具备一定的文化素质和修养，掌握应用现代信息技术的基本技能，能在国家机关、企事业单位以及各种信息机构从事档案管理、信息管理和信息服务工作的复合型、实用型高级人才。

2. 人才素质要求

数字时代档案学的基本理论和方法在进行调整和补充，档案学与其他信息科学的交叉和融合更加明显。此外，档案管理与电子政务资源建设关系密切。该专业要求学生通过档案管理、政务信息管理及现代信息技术的系统教育和训练，获得以下方面的知识和能力：

掌握档案管理和政务信息管理的基本理论、基本知识和方法，以及与信息管理相关的学科知识；掌握辩证唯物主义和历史唯物主义的基本观点和分析方法，以及熟练的信息技术操作技能，并能熟练应用于档案管理、政务信息管理、政务网站开发及数字档案馆建设；能熟练地运用有关档案学知识办理相关事务，具有良好的从事档案工作和现代办公室工作的心理素质，具有广泛的适应能力；熟悉我国的信息政策与法规、档案法规，以及国家档案事业方针政策；具有较强的中外文献检索、阅读能力以及语言交流能力；英语、计算机应用能力要达到学院规定的要求。

四、信息资源管理专业培养目标及人才素质要求

1. 培养目标

信息资源管理专业根据当代信息资源管理所需专业知识与基本技能的

要求,培养适应信息社会需要,掌握信息技能,具有良好信息素养,能胜任各类政府机构、公共信息工作部门、企事业单位的信息处理、信息咨询、电子信息服务等工作的应用型、复合型高级专门人才。

2. 人才素质要求

该专业学生主要学习管理学、信息资源管理、管理信息系统等方面的基础理论和基本知识,受到信息资源组织和文献信息整理分析方法的系统训练,具备系统化的信息技术知识与应用能力,掌握对各类信息资源进行收集、整理和开发利用的系统化知识与能力,能够为信息分析研究和信息资源服务,具备综合运用所学知识分析和解决问题的能力。

该专业学生应能熟练掌握管理学、信息管理、管理信息系统的基本理论、基本知识,掌握现代信息技术和信息系统的基本知识和管理应用的能力,具备信息资源组织、信息资源开发、信息分析、信息服务的基本知识和能力,具有综合利用所学知识分析解决问题和进行科学研究的基本能力,了解本专业相关领域的发展动态,具有较强的外语综合应用能力。

五、计算机科学与技术专业培养目标及人才素质要求

1. 培养目标

计算机科学与技术专业培养能适应现代化建设需要,德智体全面发展、基础扎实、知识面宽、能力强、素质高且具有创新精神,系统掌握计算机硬件、软件的基本理论与应用基本技能,具有较强的实践能力,能在企事业单位、政府机关、行政管理部门从事计算机技术研究和应用、软硬件和网络技术开发、计算机管理和维护的应用型专门技术人才。

2. 人才素质要求

专业学生主要学习计算机科学与技术方面的基本理论和基本知识,接受研究与应用计算机的基本训练,具有研究和开发计算机系统的基本能力。该专业学生应具备扎实的数据基础理论和基础知识;具有较强的思维能力、算法设计与分析能力;系统掌握计算机科学与技术专业基本理论、基本知识和操作技能;了解学科的知识结构、典型技术、核心概念和基本工作流程;有较强的计算机系统的认知、分析、设计、编程和应用能力;掌握文献检索、资

料查询的基本方法,能够独立获取相关的知识和信息,具有较强的创新意识;熟练掌握一门外语,能够熟读该专业外文书刊。

六、大数据管理与应用专业培养目标及人才素质要求

1. 培养目标

培养掌握现代经济管理学基本理论,熟悉现代信息管理技术与方法,善于利用大数据分析方法和大数据管理技能对商务数据开展定量分析,并实现智能化商业决策,能够在工商企业、金融机构、政府部门从事大数据管理、分析与应用相关工作的复合型人才。

2. 人才素质要求

以国家战略需求为导向,注重理论知识的学习以及实践能力的培养,让学生成长为与时代潮流相适应、具有创新意识和创新能力的高素质人才。在课程教学方面,以管理学大类课程为基础,增设大数据分析技术、统计学、机器学习、商业人工智能、社交网络与文本分析、数据可视化、数据质量与数据治理、商业模式分析等核心课程,培养学生扎实的理论基础和宽广的知识视野。在综合实践方面,通过设置案例分析、上机实践、团队学习、生产实习等综合实践和实训环节,培养学生良好的沟通协作、分析问题、解决问题的能力。

第四节 医药院校信息管理与信息系统专业人才培养目标及人才素质要求的实现途径

一、医药院校信息管理与信息系统专业人才培养目标

全国共有36所医药类高校开设信息管理与信息系统专业,其中西医院校25所、中医院校9所、药学院校2所。为总结医药类院校信息管理与信息系统专业人才培养目标的特点和差异,在西医、中医和药学院校中分别选择部分学校做比较,具体培养方案见表2-1。

表2-1　7所医药类院校信息管理与信息系统专业人才培养目标

学校名称	培养目标
重庆医科大学	培养适应我国卫生事业信息化发展需要的具有较扎实的医学知识素养,熟练应用计算机技术,具有系统的卫生信息系统网络管理与规划、电子健康信息管理与利用、卫生信息分析与决策基本知识和基本技能,能在医疗卫生单位、医学院校、医药企业、卫生行政管理、信息服务等部门从事信息分析、信息建设、信息管理工作,能为决策者提供快速、全面、准确的信息,辅助管理决策的医学信息高级应用型专门人才
内蒙古医科大学	培养具备现代管理学理论基础知识、计算机科学技术知识及应用能力,掌握系统思想和系统分析设计方面以及信息管理等方面的知识与能力,医学方面的基本理论知识基础牢固,适应医院信息管理需求,精通外语的医院管理人才
安徽医科大学	培养德智体美全面发展,能运用医药卫生信息科学、计算机应用技术以及现代管理知识,同时,具备卫生信息资源开发与利用、健康医疗大数据分析与应用的初步能力,能从事医药卫生信息系统的规划、分析、设计、实施和维护与管理等方面工作的专门人才
安徽中医药大学	培养适应医药卫生信息化建设和社会发展实际需要,德智体美劳全面发展,具有良好的道德、科学文化素养和社会责任感,具备创新与团队精神、创业与竞争意识,拥有系统化管理思想和较高管理素质,掌握管理学与经济学基础理论以及信息与工程相关技术知识,能够系统掌握信息管理和大数据分析的基础知识、基本理论和基本技能,了解医药卫生基础知识,能够从事医学数据分析挖掘和医学信息系统规划、分析与设计、开发及管理维护工作的高素质复合型专门人才
福建中医药大学	培养适应国家经济建设、科技进步和社会发展的需要,具有一定的创新能力和领导潜质,具备良好的数理基础、医学和信息管理理论、计算机技术及应用能力,掌握信息系统(特别是医学信息系统)的规划、分析、设计、实施和管理等方面的方法与技术,具有一定的信息系统和信息资源开发利用的实践与研究能力,能够在国家政府部门、企事业单位、卫生医疗部门等组织从事信息系统建设与信息管理工作的复合型专门人才

续表

学校名称	培养目标
南京中医药大学	突破国内高校信息管理专业人才培养两种主要模式（强技术或强管理，非此即彼），强调学生不仅要掌握信息管理基础理论、系统思想和信息系统分析与设计方法等方面的知识，更要具备计算机网络技术应用技能、科技信息组织与分析的基本方法、经济管理与企业信息管理能力。培养能在各类政府部门、医院、医药企业从事信息化的管理工作、信息系统的规划、设计、建设与实施工作、信息服务、信息研究利用以及卫生情报分析、管理的应用型专门人才
广东药科大学	面向国家卫生行政管理部门、医药类企事业单位、医疗卫生科研机构、软件开发企业，培养适应国家科技进步和社会信息化进程迫切需求，具有高尚健全人格和一定的国际视野与领导潜质，具备良好的数理基础、管理经济学和软件工程学理论知识，掌握信息系统规划、分析设计、实施、评价、维护和管理以及信息资源分析、开发和应用方面的方法与技术，能从事信息系统集成开发与维护、信息资源开发与利用、信息管理与决策分析等方面的工作，富有团队协作和创新能力的医药信息技术高级应用型人才

从列出的 7 所医药院校培养目标的表述上看，该专业人才培养目标具有以下 5 个共同特点：

① 强调培养具有医药卫生知识背景的专业人才。

② 明确本专业培养的是复合型、应用型专业人才。

③ 都以计算机科学知识、管理科学知识作为专业人才核心知识。

④ 信息系统的分析设计、实施、应用、维护作为专业人才核心能力，系统开发实现能力作为一般要求提出。

⑤ 就业方向主要集中面向医疗卫生机构和软件企业，对其他行业也表现出极强的适应性，就业方向较灵活，适用范围广泛。

二、医药院校信息管理与信息系统专业人才素质要求

将医药类院校信息管理与信息系统本科专业培养要求分成素质要求、能力要求、知识要求三类，按培养要求的不同类别进行收集归纳列表，如表 2-2 所示。

表2-2　7所医药院校信息管理与信息系统专业人才素质、能力、知识要求

学校名称	素质、能力、知识要求
重庆医科大学	**素质要求**：学生应热爱祖国，具有高尚的民族气节、良好的道德品质和中华民族的传统美德；具有集体荣誉感和团结协作精神；具有强烈的法律意识和法制观念；具有全心全意地为人民服务和为社会主义建设服务的意愿；具有较好的文化素养和文学艺术修养；具有勤奋进取、求实创新的科学精神；具有科学的思维和研究方法；具有健全的心理和健康的体魄。 **能力要求**：具有人际交往意识和初步的人际交往能力；具有创新意识和创新精神；具有终身学习的意识，具有自学能力、持续学习和计划行动的能力；具有口头与文字表达能力；具有独立思考问题、分析问题、解决问题的能力；具有计算机维护、网络管理与维护、网站建设、信息安全管理、办公自动化等计算机应用能力；具有卫生信息化建设规划和组织实施能力；具有卫生信息管理、卫生信息分析、对数据进行分析评价并提供决策支撑的能力；具备与医学专业人员、信息开发人员交流沟通的能力；具有初步的外语译、写、听、说的能力；具有科学锻炼身体的基本技能，养成良好的体育锻炼和卫生习惯，达到国家规定的学生体育和军事训练合格标准。 **知识要求**：系统掌握数理统计、计算机科学、情报学的基础理论和基本知识，具有较宽泛的人文社会科学知识和相关的自然科学知识，具有较强的计算机和信息应用能力及较高的外语水平，具有扎实的医学信息学专业知识和基本的实验技能，具有较扎实的医学基础知识，具有信息意识和经济管理意识
内蒙古医科大学	**素质要求**：政治立场坚定，热爱祖国，拥护中国共产党领导；能够树立正确的世界观、人生观和价值观；坚持立德树人，培育和践行社会主义核心价值观；具有较高的人文素养和良好的思想品德、社会公德和职业道德，具有敬业精神和社会责任感，奉公守法，愿为健康医疗信息化事业发展贡献力量；具有实事求是的科学态度，强烈的团队意识，创新创业的精神，终身学习的观念。 **能力要求**：具有较强的独立思考、分析、解决问题的能力；具有阅读本专业外语刊物的能力；具有较强的学习能力，能够及时更新自身专业知识；具备信息管理、健康医疗大数据分析与处理和智慧医疗系统的分析、设计、开发与评价能力；具有较强的将新一代信息技术与医疗服务进行融合的创新能力。 **知识要求**：具有较宽泛的人文社会科学知识和自然科学知识；掌握计算机科学与医学信息学基础理论和技术；具备管理学和医学的基本知识；熟悉临床服务、公共卫生服务的环节和流程以及国家人口健康信息化相应的政策和规范；具备信息管理、健康医疗大数据处理分析以及智慧医疗系统的设计、研发、评价的理论知识和技术方法。

续表

学校名称	素质、能力、知识要求
安徽医科大学	**素质要求**:热爱祖国,拥护中国共产党;具有主动精神、创新精神、协作精神、刻苦钻研精神;具有健全的心理和健康的体魄。 **能力要求**:了解本专业在医疗卫生领域的应用和发展动态,具有一定科学方法、医学知识、信息技术和变革能力,具有一定的科研和实际工作的能力。 **知识要求**:掌握信息管理和信息系统的基本理论和基本知识,掌握信息收集、组织、分析、开发、利用的基本方法,掌握管理信息系统的分析方法、设计方法和实现技术
安徽中医药大学	**素质要求**:具有良好的心理素质,敬业爱岗,具有艰苦求实的团队合作精神。 **能力要求**:较强的思维分析能力、系统规划分析设计能力、系统实施应用与维护能力、学习获得新知识的能力、开拓创新能力、人际交往能力。 **知识要求**:具有一定的医学知识、现代管理学知识、计算机科学知识、信息资源管理知识、信息系统知识
福建中医药大学	**素质要求**:拥有良好的思想政治素质和正确的人生观、价值观;具有较强的法律意识、高度的社会责任感、良好的职业道德、团队合作精神和社会适应能力;具备科学精神、人文素养和专业素质;具有创新精神和创业意识;具有健康的心理素质和体魄。 **能力要求**:掌握信息系统(特别是医学信息系统)的规划、分析、设计、实施和管理等方面的方法、技术与工具;具有一定的信息系统开发和信息资源深度利用的实践能力和技术技能;熟悉必要的中医药基本技能;具有初步的科学研究和实际工作能力,具有一定的批判性思维能力。 **知识要求**:具备良好的数理基础,掌握管理学、经济学和卫生管理基础知识,具有扎实的信息技术理论基础和专业知识;熟悉经济管理和信息技术等领域的相关政策、法律、法规和标准等方面的知识;熟悉必要的中医药基本理论、基本知识;了解本专业的理论与应用前沿,以及信息化发展的现状与趋势
南京中医药大学	**素质要求**:具有良好的思想道德品质,身心健康,具有正确的世界观、人生观和价值观,具有良好的职业素质。 **能力要求**:具有利用现代信息技术进行信息收集、加工、处理、分析研究和开发的能力;具有综合运用所学知识分析和解决问题的基本能力;掌握文献信息检索、资料查询及收集的基本方法,具有一定的科研和实际工作能力。 **知识要求**:掌握信息管理与信息系统的基本理论和基础知识、信息系统的分析方法、设计方法和实现技术、信息检索理论与方法的知识、计算机科学与技术的基本理论和方法;了解本专业相关领域的发展动态,了解中医药学的基础知识

续表

学校名称	素质、能力、知识要求
广东药科大学	专业教育分两个阶段完成：第一、二学年为专业基础课程学习阶段；第三、四学年为特色模块课程学习阶段，即从第三学年起学生可在医药软件工程、医药信息、商务信息三个特色模块中选择其一进行学习。医药软件工程模块主要要求学生掌握操作系统与Linux、移动应用开发、软件测试技术、卫生信息系统集成、信息系统项目管理、信息系统项目管理实训、卫生信息系统集成实训；医药信息模块主要要求学生掌握病案信息学、生物信息学、医学信息检索与利用、医药信息资源管理、药品生产与运作管理、数据分析与决策实训、信息系统搭建实训课程；商务信息模块主要要求学生掌握电子商务与网络营销、商务信息安全技术、医药信息资源管理、客户关系管理、电子商务平台建设实训

从7所医药院校对信息管理与信息系统本科专业教育培养要求上看，该专业人才素质要求具有以下一些共同特点：

1. 素质培养方面

（1）对心理素质的要求最多，良好的心理素质是专业人才今后适应社会所必需的素质。

（2）对人才的职业道德要求主要集中在敬业精神、吃苦耐劳和个人品格上。

（3）对人才沟通能力及团队合作精神提出较高的培养要求。

2. 能力培养方面

（1）医药院校都将卫生信息系统的组织、管理、应用和维护能力作为该专业人才的核心能力。

（2）对信息资源管理能力做出了收集、分析、研究、利用的较高要求。

（3）对信息系统的开发与实现都只做出一般要求或是未提及。

（4）针对本专业发展迅速、知识更新快的特点，对学习获得新知识的能力都有相应要求。

3. 知识培养方面

（1）医药院校都对医药学基础知识的掌握程度做出一般性了解的要求。

（2）对管理学知识、计算机科学知识、信息系统知识提出培养要求的院校最多，是该专业人才要掌握的核心知识。

重庆医科大学对数学统计知识提出培养要求，福建中医药大学对经济学和社会学提出培养要求，重庆医科大学、南京中医药大学和广东药学院对医学文献检索知识提出培养要求，各医药院校在信息管理与信息系统专业人才培养上，对专业人才应具备知识的侧重点有所不同，体现出了各自的专业特色。

第三章 信息管理与信息系统专业的学科基础

第一节 专业学科的理论范式

"范式"的概念和理论是美国著名科学哲学家托马斯·库恩阐述的,是指常规科学所赖以运作的理论基础和实践规范,是某一学科的研究者群体所共同遵从的世界观和行为方式。

信息学科内,早期的"系统范式"和后来的"认知范式"之间并没有无法调和的矛盾,两者实际上是相互补充的关系。换一个说法,它们就是"设计科学"与"行为科学"的关系。西方商学院领域信息系统研究的发展期正好赶上信息学科的认知观起步期,所以信息系统研究中的"行为科学",也就是"用户视角"研究成了主流。现在,西方信息系统界开始重新重视设计科学,也就是信息学科一直以来重视的系统范式。这种变化充分说明,信息学科内,"范式革命"并没有发生,传统系统范式和新兴的认知范式正在并行发展。

从更广阔的意义来看,信息系统(IS)和 LIS(laboratory iInformation management system,是专为医院检验科设计的一套实验室信息管理系统)正在信息管理这个大概念下融合。由于科系设置的关系,这种趋势在中国表现得更为明显。在西方,LIS 和 IS 分属于几乎没有任何来往的学院,而在中国,它们共同被纳入信息管理学院(或信息资源管理学院、资讯管理学院),特别是相关本科专业的设置,因此"信息管理"这个概念在中国比在西方更为流行。

信息管理学科领域研究范式的提法比较多样,例如机构范式、技术范式、信息运动范式等(这些能否称为"范式"还值得考虑)。事实上,除了系统范式和认知范式外,还有资源范式。资源范式主要关注知识和信息客体,而非信息技术和用户。近年来,随着我国图书情报出版领域的信息资源数字化,资源范式研究全面崛起,例如信息资源管理概念的普及、信息资源共享研究的兴盛、领域本体研究的发展、信息政策研究的亮相、数字出版物的繁荣等等,都与资源范式有密切的关系。以上三个范式——资源范式、系统范式、认知范式与 iSchool 的知识三角——信息、技术和人相对应,应该算信息学科领域的三大主流范式。除了以上三大范式之外,还有学者提出了管理范式、经济范式和过程范式。

第二节　专业学科的研究方法

信息管理学科作为管理门类中的一个新兴学科,属于信息学与管理学的交叉学科,是管理学科与工程学科的重点和特色之一,能够体现该学科管理学与工学交叉的研究方向,其研究活动和学科发展也总是离不开相应的科学研究方法论。为此,作为信息管理专业的学习者和研究者,必须熟练掌握并灵活有效地运用管理学与信息学等学科的研究方法,使科学研究活动事半功倍,从而更有效地推动信息管理学科的发展。与此同时,信息管理研究方法论本身也是信息管理学科的重要研究内容之一,是学科体系的重要组成部分,即研究方法论本身既具有工具性,同时也具有对象性。因此,认识和掌握信息管理研究方法论有利于培养信息管理专业研究人员的科学研究思维、创新意识与创新能力,提高其科学研究素养,增长其科学研究才干,

提高其认识社会、分析解决问题的一般能力。一般来说,信息管理与信息系统专业学科的研究方法可以分为如下四大类:

1. 经验科学研究方法

包括观察研究方法、调查研究方法、实验研究方法等。

(1) 观察研究方法:是指研究者按照一定的计划,为实现一定的研究目标,对研究对象进行系统、全面的观察,从中收集各种现象资料,并进行分析研究的方法。

(2) 调查研究方法:是指调查的途径、手段,包括访谈法、观察法、文献法、试点调查法等。

(3) 实验研究方法:是由研究者根据研究问题的本质内容设计实验,控制某些环境因素的变化,使得实验环境比现实相对简单,通过对可重复的实验现象进行观察,从中发现规律的研究方法。实验方法首先广泛应用于物理、化学、生物等自然科学研究中。

2. 理性思维方法

包括科学抽象方法、历史方法和逻辑方法、比较和分类方法、归纳和演绎方法、分析和综合方法等。

(1) 科学抽象方法:是指在科学研究中通过对经验材料进行比较和分析,通过分离、提纯和概括,抽取和把握本质因素,形成科学概念或科学符号,以达到提示研究对象的普遍规律和因果关系的思维方法。包括相互联系的两个方面:一是从具体到抽象,从现象到本质,这是研究问题的方法。要占有大量的具体材料,然后运用抽象思维的能力,去粗存精,去伪存真,由此及彼,由表及里,抽象出研究对象的内在本质的必然联系,提示出规律性。二是从抽象到具体,从本质到现象,这是叙述问题的方法。也就是把研究成果叙述出来时,又必须从最简单、最抽象的规定出发,一步一步上升到复杂的具体规定。

(2) 历史方法和逻辑方法:要求在认识事物时,把对事物历史过程的考察与对事物内部逻辑的分析有机地结合起来,逻辑的分析应以历史的考察为基础,历史的考察应以逻辑的分析为依据,以达到客观、全面地揭示事物的本质及其规律的目的。在运用逻辑的方法研究事物发展规律的同时,实质上就是在对历史进行概括；在运用历史的方法研究事物历史进程的同时，也要通过逻辑分析确定史实之间的必然联系。历史与逻辑相统一的方法体现了历史的方法与逻辑的方法之间的本质联系。它把对事物的逻辑分析建立在对事物的历史过程进行全面考察的基础上，以连贯的历史事实为根据；并用对事物的逻辑分析指导对事物历史过程的考察，把逻辑分析贯穿于历史的考察之中。坚持历史与逻辑的统一考察事物发展规律的过程，实质上是坚持主客观相一致的辩证思维过程。

（3）比较和分类方法：是根据一定的标准，对两个或两个以上有联系的事物进行考察，寻找其异同，探求其普遍规律与特殊规律的方法。比较研究是根据一定的标准，对两个或两个以上有联系的事物进行考察，寻找其异同，探求其普遍规律与特殊规律的方法。按属性可分为单项比较和综合比较，按时空可分为横向比较和纵向比较，按目的可分为求同比较和求异比较，按比较方法可分为定性比较和定量比较。分类方法是根据事物的相同点或相异点，将它们区分为不同类别，从而认识事物共同本质的思维方法。分类的类型有现象分类、本质分类等。

（4）归纳和演绎方法：反映了人们认识事物两条方向相反的思维途径，前者是从个别到一般的思维运动，后者是从一般到个别的思维运动。归纳方法建立在从特殊到一般的推理基础上，演绎方法却是建立在从一般到特殊的推理基础上，所以归纳和演绎恰好是互相对立的两种认识方法。归纳原理被理解为：如果大量的 A 在各种各样的条件下被观察到，而且如果所有这些被观察到的 A 都无例外地具有 B 性质，则所有 A 都有 B 性质。在科学认识活动中，归纳方法应理解为概括由经验获得的事实，演绎方法则应理解为建立逻辑必然的知识体系。

（5）分析和综合方法：是指运用各种统计综合指标来反映和研究社会经济现象总体的一般特征和数量关系的研究方法。分析是将研究对象的整体分为各个部分、方面、因素和层次，并分别加以考察的认知活动。分析的意义在于细致地寻找能够解决问题的主线，并以此解决问题。综合则是将已有的关于研究对象各个部分、方面、因素和层次的认知连接起来，形成对研究对象的统一整体的认识，是在分析的基础上进行的，它的基本特点就是探究研究对象的各个部分、方面、因素和层次之间相互联系的方式，即结构的机理和功能,由此而形成一种新的整体的认识。分析和综合方法具体包括综合指标法、时间数列分析法、统计指数法、因素分析法、相关分析等。

3. 横向科学方法

包括系统科学方法、控制论方法、信息论方法、数学方法等。

(1) 系统科学方法:是指用系统科学的理论和观点,把研究对象放在系统的形式中,从整体和全局出发,从系统与要素、要素与要素、结构与功能以及系统与环境的对立统一关系中,对研究对象进行考察、分析和研究,以得到最优化的处理与解决问题的一种科学研究方法。系统科学方法的特点和原则主要有整体性、综合性、动态性、模型化和最优化五个方面。

(2) 控制论方法:是研究复杂系统规律的科学,重点在分析动态的信息控制过程,使系统在稳定的前提下又准又快地工作。自然控制论又发展为社会控制论、智能控制论,是突破了以抽象分析为核心的传统方法,通过能动地把握信息的传输对自然事物进行整体的、综合的动态研究,通过信息处理的能动过程,解决控制(主控)与被控制的矛盾,使系统的运行处于最佳状态,借以实现或达到人们对系统所规定的功能目标的一种现代科学方法。它是在自动控制、电子技术、无线电通信、神经生理学、生物学、心理学、医学、数理逻辑、计算机技术、统计力学等多种学科相互渗透和高度综合的基础上而形成的,是一种新兴的现代科学方法。

(3) 信息论方法:是一门应用数理统计方法来研究信息处理和信息传递的科学,是一门具有高概括性、综合性,应用广泛而又带有方法论意义的科学。运用信息的观点把系统的过程当作信息传递和信息转换的过程,通过对信息流程的分析和处理,以达到对某个复杂系统运动过程的规律性的认识。它不同于传统经验方法,不隔断系统的联系,也不是机械的综合,而是一种直接从整体出发,用联系的、转化的观点综合系统过程的研究方法。

(4) 数学方法:即用数学语言表述事物的状态、关系和过程,并加以推导、演算和分析,以形成对问题的解释、判断和预言的方法。它具有以下三个基本特征:一是高度的抽象性和概括性;二是精确性,即逻辑的严密性及结论的确定性;三是应用的普遍性和可操作性。数学方法在科学技术研究中具有举足轻重的地位和作用:一是提供简洁精确的形式化语言,二是提供数量分析及计算的方法,三是提供逻辑推理的工具。现代科学技术特别是电子计算机的发展,与数学方法的地位和作用的强化正好是相辅相成的。

4. 信息管理学专门方法

包括文献信息处理方法、文献计量学方法、引文分析方法等。

(1) 文献信息处理方法:是指对以文字、图形、符号、声频、视频等方式记录在各种载体(包括图书、连续出版物(期刊、报纸等)、小册子以及学位论文、专利、标准、会议录、政府出版物等)上的知识和信息资源进行处理。

(2) 文献计量学方法:是用数学和统计学的方法,定量地分析一切知识载体的交叉科学。它是集数学、统计学、文献学为一体,注重量化的综合性知识体系。其计量对象主要是文献(各种出版物,尤以期刊论文和引文居多)量、作者(个人、集体或团体)数、词汇(各种文献标识,其中以叙词居多)数等。文献计量学最本质的特征在于其输出务必是"量"。文献计量学是以几个经验统计规律为核心的,例如:表征出科技文献作者分布的洛特卡定律(1926);表征文献中词频分布的齐普夫定律(1948);确定某一学科论文在期刊中分布的布拉德福定律(1934)等。文献计量学一直围绕这几个定律,沿着两个方向发展:其一是验证与完善这些经验定律;其二是扩大与推广这些经验定律的实际应用。目前,文献计量学应用十分广泛。微观的应用有确定核心文献,评价出版物,考察文献利用率,实现图书情报部门的科学管理;宏观的应用有设计更经济的情报系统和网络,提高情报处理效率,寻找文献服务中的弊端与缺陷,预测出版方向,发展并完善情报基础理论等。

(3) 引文分析方法:就是利用各种数学及统计学的方法进行比较、归纳、抽象、概括等的逻辑方法,对科学期刊、论文、著者等分析对象的引用和被引用现象进行分析,以揭示其数量特征和内在规律的一种信息计量研究方法。从不同的角度和标准来划分,引文分析方法有着不同的类型。如果从获取引文数据的方式来看,有直接法和间接法之分。前者是直接从来源期刊中统计原始论文所附的被引文献,从而取得数据并进行引文分析的方法;后者则是通过"科学引文索引"(SCI)、"期刊引用报告"(JCR)等引文分析工具查得引文数据,再进行分析的一种方法。若从文献引证的相关程度来看,则有自引分析、双引分析、三引分析等类型。如果从分析的出发点和内容来看,引文分析大致有三种基本类型:① 引文数量分析,主要用于评价期刊和论文,研究文献情报流的规律等;② 引文网状分析,主要用于揭示科学结构、学科相关程度和进行文献检索等;③ 引文链状分析,科技论文间存在着一种"引文链",如文献 A 被文献 B 引用,文献 B 被文献 C 引用,文献 C 又被文献 D 引等等,对这种引文的链状结构进行研究可以揭示科学的发展过程并展望未来的前景。

第三节 专业学科的研究内容

信息管理与信息系统专业主要研究信息管理以及信息系统分析、设计、实施、管理和评价等方面的基本理论和方法。通俗地讲,就是从信息中发掘财富。现代社会正是信息化社会,大量纷繁的信息如何管理,并且从中获得有效的信息,正是信息管理科学的研究重点。应将信息管理与计算机结合,将计算机作为工具,使信息管理更加有效和实用。随着企业经营规模的现代化,对信息管理的要求越来越强烈。

总体而言,信息管理与信息系统专业应以信息管理、计算机科学、管理科学三个方面的知识为平台,构筑信息管理学科基础(内核),隶属管理科学与工程大门类。具体内容应包括:

1. 信息管理课程

包括信息管理学、信息资源建设、信息组织、信息存储与检索、信息分析研究、管理信息系统分析与统计、文献信息管理系统分析与研究、信息检索语言、科技档案信息管理等。

2. 计算机科学课程

包括计算机基础、操作系统、计算机语言、程序设计、数据结构、计算机网络、多媒体技术、数据库技术等。

3. 管理科学课程

包括管理学原理、生产与运作原理、市场营销学、组织战略与行为学、经济学原理、信息经济学、知识经济学等。

第四节　专业学科的发展

面对信息科学与技术的发展,信息管理与信息系统专业的学科发展前景十分乐观,社会对信息管理与信息系统专业毕业生的需求也不断加大。随着学科的建设,由原有图书馆、情报与档案管理专业设立的信息管理与信息系统专业的学科实力也逐步增强,在信息科学的冲击下完成了传统学科的现代转型。迈克尔·D. 迈尔斯(Michael D. Myers)教授认为,随着学科领域的不断扩张,新的分支学科将会产生,研究的对象也会从组织管理领域扩展到整个社会和单个人的个体。

关于信息管理与信息系统专业的发展前景,相关学者的观点可归纳如下:

1. 相关领域的整合与互补

基于以上所述信息管理与信息资源管理、管理信息系统、图书馆情报学、档案学等相关领域的关系,可以看出在信息管理与信息系统专业发展的同时,相关学科也在进行整合与互补。一般来说,在管理学院课程设置中,无论是工商管理还是信息管理,管理信息系统都是核心课程。现在图书馆、情报与档案管理都划归信息资源管理范畴,这些传统专业都会以信息管理与信息系统专业为其学科建设的方向和指针。这些领域在研究范围上都存在大量交叉,进行各领域的整合才能集中最优势的资源,毫无疑问,只有这样信息管理与信息系统专业才有竞争力。

2. 相关学科的交叉与拓展

基于以上所述,信息管理与信息系统学科和管理科学与工程、经济学、计算机科学与工程,都有着密切的关系。这些学科的交叉不但有利于学生的知识拓展,更重要的是,随着信息社会的来临,相关学科的交叉与拓展已经成为各学科发展的新生长点,或者说,信息管理与信息系统专业未来发展的生命力在于相关学科的交叉,并不在学科本身,这应该是所有应用学科的共同特征。

第四章
信息管理与信息系统专业课程体系

第一节　课程设计思路

　　随着社会的不断发展,科技人才所需知识之间的交叉越来越明显。信息系统与信息管理专业作为一门新兴的、多学科相互融合的交叉学科,它所培养出的学生正是社会需求的一类复合型人才。信息管理与信息系统专业立足于管理学科,以现代信息技术为手段,以信息资源管理为核心,主要侧重信息系统的应用与集成开发。本专业于1998年由教育部将管理信息系统等五类专业合并而成,经过二十余年的发展,专业所培养出的学生得到了社会的普遍认可和赞同,为我国的信息化建设培养了大量的既懂信息技术又懂管理的复合型人才。随着科技的不断进步,信息管理与信息系统专业也得到了迅速的发展,但在当前社会中,信息管理行业对从业人员的知识结构和实际运用能力提出了更高的要求,如今信息管理与信息系统专业在人才培养过程中面临着严峻的挑战,不仅要让学生掌握深厚的专业理论知识,还要让他们具备较高的实际运作能力,即在新的社会需求和经济运作模式下,专业所培养出的学生要能够与社会的实际需求相吻合、相匹配,更加注重和强调专业培养过程中对学生创新能力的培养。

一、信息管理与信息系统专业的现状

近年来,国内高等教育出现了新的发展趋势,应用型本科已得到高教部门、专家学者的广泛认同。高等学校教学研究会成立了应用型本科院校专门委员会,确定了北京市12所应用型大学;教育部自动化专业教学指导委员会正式推出了"应用型本科专业规范";教育部在质量工程项目中评审两类特色专业,其中"第二类特色专业"指向应用型人才;接着教育部又评审"人才培养模式创新实验区",人才培养目标分为"拔尖创新人才"和"应用型人才",显示出在高等教育发展中分类指导的趋向,标志应用型本科已进入普遍实施阶段。应用型本科教育的本质特征是面向区域或地方经济社会发展办学和培养人才,产学合作方式是应用型本科人才培养的重要途径。目前,越来越多的大学明确了建设应用型大学的目标,并将这一目标逐渐深化到教学改革的实践层面。

应用型教育培养应用型人才,应用型人才与学术研究型人才的最大不同是其强调解决实际问题的能力。因此,应用型人才培养的课程体系不仅要涵盖较为系统的学科理论知识,而且要包含全面、综合的技能培养模块,重点在于技术应用性、综合性课程的构建。

信息管理与信息系统专业主要研究信息管理以及信息系统分析、设计、实施、管理和评价等方面的基本理论和方法,通俗地讲,就是从信息中发掘财富。现代社会是信息化社会,如何管理纷繁复杂的信息,并且从中获得有效的信息,正是信息管理科学的研究重点。将信息管理与计算机结合,将计算机作为工具,使信息管理更加有效和实用。随着学科的建设,原来的图书馆、情报与档案管理专业设立的信息管理与信息系统专业的学科实力也逐步增强,在信息科学的冲击下完成了传统学科的现代转型。

信息管理与信息系统专业培养信息化建设需要的人才,其直接面向的职业是"企业信息管理师"。这一职业要求人才除了具备一些基本能力,如管理沟通、协力合作和组织实施的工作能力,信息组织、分析研究、传播与开发利用能力,数据库分析、设计、实施与维护能力,应用程序设计与实现能力,计算机应用维护等能力外,还需要具备一些核心能力,如信息资源规划、信息系统开发、信息系统运作与管理维护、信息化管理等能力。其中,基本能力可以通过单项的课程或实践得以培养,而核心能力需要依靠综合性课程与实践环节来获取,因此,建设综合性课程是深化应用型人才培养的重要举措。

二、信息管理与信息系统专业综合课程体系构建

信息管理与信息系统专业是一个覆盖面比较广的专业。本专业内容涵盖经济学、管理学、计算机科学和信息管理学等学科。信息管理与信息系统专业的目标是培养具备现代管理学理论、计算机科学与信息技术知识应用能力,掌握信息系统分析与设计方法以及信息管理等方面的知识和能力的高级应用型管理人才,为信息化建设服务。根据实际,信息管理与信息系统专业定位于着重培养从事信息管理和信息系统分析、规划、设计、开发、管理与维护的高级应用型本科人才,强调学生的实践性与应用性能力的培养。

1. 确定信息管理与信息系统专业的教学目标

从目前已就业学生的工作实际看,学生在校经过一系列分立课程学习和毕业设计环节后,进入社会工作,往往不能很快适应工作岗位对人才能力的需求。为进一步弥补学生在校获得的专业能力与社会实际工作能力,即解决实际问题能力之间的差距,突出应用型人才培养特色,基于广泛的行业调查、专家意见和多年的办学实践,计划在新版培养体系中开设一门综合性课程,即"管理信息系统开发实务"。

2. 对信息管理与信息系统专业教学任务的分析

解决一个实际问题需要多种能力,除了需要专业的理论知识、技术与技能以外,更需要具备其他方面的能力,如发现问题的能力、独立分析问题的能力、管理沟通能力、团队协作与合作能力、组织实施能力、自主学习能力、自我修正与完善能力等。"管理信息系统开发实务"课程应能将学生此前学过的单门课程知识及单项能力接续起来,综合这些课程的理论知识、专业技术,同时也应将学生非专业能力的培养融于其中,从而培养学生近用综合应用理论知识和专业技术解决实际问题的能力。

3. 信息管理与信息系统专业教学模式设计

为使该综合性课程达到较为理想的效果,通过开展此教学环节使学生

分析问题、解决问题的能力以及专业核心能力得到全面训练。基于建构主义学习理论，以学生为中心进行教学模式设计。教学模式设计应特别强调以学生为主体的原则，强调学生应通过同化与顺应手段来解决问题，强调学生与环境的交互作用，强调设计适宜学生自主学习的环境。考虑到教学任务的综合性，需要设置多种教学手段与方法以强化培养学生的各种能力，通过以"问题"为中心，即以一项具体的信息系统开发任务为驱动，以多种"方法"为中介，以"实际系统模板"为评价依据来搭建教学环节。

"任务驱动教学法"是一种建立在建构主义教学理论基础上的教学模式。教学过程以学生为主体，围绕同一个目标任务，教师与学生的各项子任务均基于这个目标进行。在任务驱动下，学生对任务目标进行积极主动的探索，在分析问题、解决问题的同时又提出新的任务，形成一个不断提出问题、分析问题、解决问题的循环教学模型。这种教学方法完全符合信息系统开发的层次性，有利于培养学生发现问题、分析问题的能力，同时也能激发学生的学习热情，促进主动学习，提高学生自主学习的能力，开发学生的创新思维及创新能力。

"实际系统模板"是教学体系开发的一项内容，目的是引导学生规范开发实际的信息系统，合理考核与评价系统，培养学生自我修正与完善的能力，培养学生良好的专业素质等。在做信息系统开发项目时，要求具有项目开发的背景说明，用于引导学生分析系统开发的意义，继而提出贯穿于整个教学过程的开发任务；要有完整的系统开发文档与实现代码，用于课程后期作为考核学生的标准系统。

课程体系具体阶段说明如下：

第一阶段，问题引入。由系统模板的项目开发背景说明，以及具体企业、系统功能等说明，引导学生重构知识体系及技能，收集资料，使学生明确课程学习及实践的最终目标、任务、步骤及要求，从而确定一个具体的系统开发任务。

第二阶段，"案例法"是基于建构主义强调"情境"对意义建构的作用机理而设计的。虽然学生已学习了开发信息系统有关的单门课程，具有开发系统的理论、知识与单项能力，但如何将这些知识与技能综合起来完成信息系统的分析、设计、实施与管理等任务，还需要教师的引导。因此，以一个信息系统开发案例由教师运用启发式教学方法，引导学生通过同化与顺应手段来认识完成任务的具体过程，有利于培养学生综合应用知识与技能来解决实际问题的能力。

第三阶段，"调查研究法"是基于建构主义强调学习环境的设计而设计的。管理信息系统是解决企业信息管理需要，提高管理效率而开发的。信息系统应符合企业的管理实际，因此有必要让学生到企业中调查、研究管理业务，熟悉业务流程，从而回答企业为什么要开发信息系统，系统主要有哪些功能，系统实施需要符合哪些规范等问题，进而对信息系统做出科学合理的分析与设计，这将有助于培养学生发现问题、分析问题的能力，培养学生自主学习能力及创新能力。

第四阶段，"合作讨论法"与"自主学习法"相结合，前者强调协作学习对意义建构的作用，后者强调以各种资源支持学生的自主学习。合作讨论是指当开始解决调查阶段产生的问题，进行信息系统分析与设计工作时，提倡学生与周围环境进行各种交互与交流，可以自由组织团队进行讨论与分析，彼此激励、互相帮助，培养的管理沟通、团队协作与合作能力，以及组织实施能力。自主学习是指学生对自己的工作任务进行分析，利用各种来源的资料与信息独立完成自己的工作任务，培养学生自主学习能力，并使专业知识与技能得到进一步提升，强化核心能力的培养。此外，独立完成的任务可以激发学生的自信心和成就感，促进学生综合素质与能力的提高。

第五阶段，"模板点评法"是对学生完成教学任务即对开发的系统进行综合评价而设计的。具体方法是通过比较模板与学生开发的信息系统，在规范性、功能性、技术性、创新性等指标方面找出共同点、不同点以及差距，教师借此制定考核标准，对学生进行合理评价。学生通过比较模板，可以学习标准模板的开发过程、系统分析与设计文档、系统实施的技术与方法以及规范的系统开发风格，在构建知识体系与技术能力训练方面又进了一步，这也为学生下一步的毕业设计环节提供有意义的引导，引导学生自主、主动地提升能力，拓展自己的知识体系，有利于培养学生的自我完善能力、良好的专业素质以及构建核心的专业能力。

三、信息管理与信息系统专业课程建设的内容与方法

课程建设的主要内容有：制定课程实施的教学方案，制定教学大纲、实践教学大纲和实践指导，编写电子课件，制定管理办法及方案，制定考核或评定标准，最终形成一套完整的教学文档。

在设计教学环节中，引导学生在特定任务驱动下，学习如何进行系统开发，锻炼学生自主学习设计系统的能力。

第二节 课程设计原则

一、课程体系

信息管理与信息系统专业主要是研究信息管理以及信息系统分析、设计、实施、管理和评价等方面的基本理论和方法。通俗地讲，就是从信息中发掘财富。现代社会正是信息化社会，大量纷繁的信息如何管理，并且从中获得有效的信息，正是信息管理科学的研究重点。与计算机结合，将计算机作为工具，使信息管理更加有效和实用。随着企业经营规模的现代化，企业对信息管理的需求越来越强烈，例如铁路订票系统，就是对车票这种信息进行查询和的管理系统。可以说软件开发最主要的业务就是帮助企业制作良好的信息管理系统。信息管理涉及咨询、服务、物流等很多行业，有很多的就业机会。

信息管理与信息系统专业可以分为三大专业课程体系：信息管理、计算机科学、管理科学。

信息管理与信息系统专业应以信息管理、计算机科学、管理科学三个方面的知识为平台，构筑信息管理学科基础（内核），隶属于管理科学与工程大门类。具体内容应包括信息管理课程、计算机科学课程、管理科学课程。

其中，信息管理课程包括信息管理学、信息资源建设、信息组织、信息存

储与检索、信息分析研究、管理信息系统分析与统计、文献信息管理系统分析与研究、信息检索语言、科技档案信息管理等。

计算机科学课程包括计算机基础、操作系统、计算机语言、程序设计、数据结构、计算机网络、多媒体技术、数据库技术等。

管理科学课程包括管理学原理、生产与运作原理、市场营销学、组织战略与行为学、经济学原理、信息经济学、知识经济学等。

二、设计原则

由信息管理与信息系统专业的课程体系可以看出,信息管理与信息系统专业与计算机专业之间存在密切的关系。目前,我国信息管理与信息系统专业的计算机知识模块教育中有两种倾向均不可取:一种过分强调计算机的工具性,仅仅教授学生一些计算机的基础知识和传统管理手段,计算机化即宣告完成;另一种则过分夸大计算机的重要性,恨不得将所有的计算机专业课程都传授给学生,将信息管理系办成准计算机系。这都是未弄清专业知识结构中计算机科学的地位和作用所造成的结果。我们知道,信息管理与信息系统专业学生未来从事的领域是信息管理和信息系统,而不是计算机算法理论或硬件理论,也不是计算机自身资源的管理,只是将其作为工具和手段,因而对计算机科学知识的学习应该侧重于应用。这需要我们首先端正态度,立足于服务,立足于应用;其次再针对计算机应用的具体情况开设有关课程,重要的是应用软件的开发和维护,或者在人才培养上分类,比如可以分为技术型、工程型、管理型等。

我们还记得清华人的自信,他们说别的信息管理与信息系统专业都是由图书情报档案专业转型过来的,包括北京大学的信息管理与信息系统专业也是这样,只有他们的信息管理与信息系统专业才是嫡传。这或许是由清华大学的实力决定的,毕竟清华大学在信息管理与信息系统专业排名中高居榜首。但随着时间的推移,各校传统图书情报档案专业学科转型相继完成,清华人也不得不承认其他学校的信息管理与信息系统专业也是真正的信息管理与信息系统专业,而不管它们当初的出身如何。从这个意义上说,再过几年或十几年后,人们将不再注意信息管理与信息系统专业的出身,因为这已经没有任何意义,我们或许可以看出它们培养方向上的些许区别,但这已经不重要了。在有趋同性倾向的专业发展过程中,信息管理与信息系统专业学生的就业前景,或者说社会的认可无疑是决定性的,正如信息管理与信息系统专业是随着中国信息化进程的推进应运而生的一样。

总之,信息管理与信息系统专业课程设置要遵循应用性、综合性、规范性及自主性原则。其中,应用性是指采用该课程的教学模式、教学内容等均突出了应用型人才的培养特点;综合性是指不仅使学生的专业核心能力得到训练,而且也使学生解决实际问题所需要的非专业能力得到训练和培养,使学生专业能力与综合素质得到全面提高;规范性是指规范的管理信息系统模板,从而可以引导学生遵守行业规范,提高专业素质;自主性是指学生可以根据其对管理业务及流程的理解,独立开发信息系统,从而培养学生自主学习的能力,激励学生的创新意识,培养学生的创新能力。

第三节 基础课程与核心课程介绍

一、信息管理与信息系统专业培养目标及业务培养要求

1. 专业培养目标

国家颁布的《普通高等学校本科专业目录和专业介绍》中,对信息管理与信息系统这一专业的业务培养目标是:本专业培养具备现代管理学理论基础、计算机科学技术知识及应用能力,掌握系统思想和信息系统分析与设计方法以及信息管理等方面的知识与能力,能在国家各级管理部门、工商企业、金融机构、科研单位等部门从事信息管理以及信息系统分析、设计、实施、管理和评价等方面工作的高级专门人才。

信息管理与信息系统专业的培养目标是:本专业培养具有扎实的信息管理与信息系统知识和管理学、经济学及医药学知识,主要从事医院和医药企业的信息管理、信息服务、信息研究利用,以及卫生情报分析、管理工作的综合性、实用型专门人才。

2. 专业培养要求

该专业的学习期要求是能系统掌握信息管理科学的基本理论、方法与技能,掌握本专业所必需的管理学、宏微观经济学、计算机网络、计算机组成原理和中医药学的基本知识及人文社会科学知识,具有利用现代信息技术进行信息管理与信息开发的基本能力。

3. 信息管理与信息系统专业的学生应具备的知识和能力

① 掌握管理学、信息资源管理的基本原理与现代管理科学的基本技能。

② 掌握中医药学的基础知识。

③ 掌握计算机科学与技术的基本理论和方法。

④ 具有利用现代信息技术进行信息收集、加工、处理、分析研究和开发的能力。

⑤ 具有较强的英语听、说、读、写能力,能借助工具书阅读专业英语书刊。

⑥ 具有进一步自主获取知识的能力。

二、信息管理与信息系统专业的主干学科和主要课程

主干学科包括管理学、计算机科学与技术、经济学。

主要课程包括管理学、微观经济学、宏观经济学、统计学、运筹学、数据结构、数据库原理与应用、计算机组成原理、计算机网络、Visual C++程序设计、管理信息系统、信息资源管理、信息系统的分析与设计、医药企业管理等。

三、信息管理与信息系统专业的业务教育的基本要求

改革传统的教育思想、教育内容和教学方法,贯彻理论联系实际的原则,切实加强现代管理科学、经济理论、计算机和网络知识、中医药基础知识的教学,注重对学生从事信息管理与信息系统工作所必需的基本能力的训练,密切教与学、学与用的关系。基础课教学注意系统性,又符合专业需要。专业课紧密联系当前医药信息管理工作的实际,提倡自学与讨论,充分发挥学生的学习主动性与积极性,培养学生独立分析问题、解决问题的能力,使

学生经过系统的学习与实践,熟悉我国信息化发展的方针、政策和法规,了解开展信息管理与组织信息化工作的环境,特别是掌握医药信息管理的方法和技能,能够运用管理科学、信息科学知识从事信息管理特别是医药信息管理与研究工作。增加选修课,扩大学生知识面。

毕业实习在本科阶段的第八学期进行,以企事业单位的信息管理实践为主,采取学校联系和个人联系相结合的方法落实实习单位。

四、信息管理与信息系统专业课程建设的思路

高校信息管理与信息系统专业的教育目标是为社会培养信息管理人才和信息系统的建设人才,在社会快速信息化、网络化的形势下,高素质信息管理和信息系统建设人才的培养更为迫切。事实上,信息管理与信息系统专业是一个新兴专业,它的教学内容涵盖了数学、计算机、通信、物理、工程和管理学等诸多自然科学和社会学科的知识,知识体系庞杂,许多课程理论性过强;同时,本专业的学科定位并不像会计专业、人力专业、建筑专业等其他专业一样那么清晰,它实际上处于工科和文科之间的交叉点上,管理中有技术,技术中有管理;另外,本专业的口径过宽,行业归属、就业岗位的选择面较广。针对信息管理与信息系统专业自身的特点,提出以下几点课程建设的思路:

1. 发展思想

课程建设与学科建设同步进行,努力创建知识、能力和素质三位一体、有机结合的课程体系。加快更新改造传统课程。课程建设与专业调整同步进行,以本科专业重点课程建设为主,推动其他专业的课程建设。以主干课程为建设重点,逐步优化课程体系,使其适应应用型高级信息管理与信息系统人才的培养目标。

2. 建设目标

建设目标包括两个方面:首先优化课程体系,制定课程标准,不断开发新课程;其次,积极探索培养信息管理与信息系统人才的教学新模式。

3. 实施措施

(1) 课程教改的重点是:根据学院的总体计划,加强理论基础教学,扩

充高新技术的知识点,更新课程内容,增开选修课的门数,突出学生的实践技能和实践课的时长,增加实践实训课时,开展各类讲座丰富学生知识领域,侧重培养学生自学能力与自我更新知识的能力。以学生的兴趣为出发点,不断扩大学生的知识面,提升学生专业素养,提高学生的社会适应能力。

（2）编写具有本学科特色、借鉴国内外相关教材特色的系列教材,并开展网络课程建设的工作,推广精品课程建设。在教材建设方面,按照选用高水平的教材的策略,积极选用教育部推荐的获省部级以上奖励的教材或"面向 21 世纪课程教材",或公认水平较高的优秀教材。这些教材的内容有利于素质教育,适应市场需要,注重培养学生综合素质、创新精神和实践能力。经过试用,师生普遍反映良好,学生的知识结构、理论水平、实际动手能力等综合能力均有不同程度的提高。

（3）专业课程体系设计的模块有公共必修课、专业基础课和选修课,专业课,实践环节(包括毕业设计)。

（4）专业主干课程要符合教育部颁布的本科毕业目录要求;基础课程根据专业课程的需要设定,要考虑到学生考研深造的需求,打好扎实的基础;选修课程根据毕业生择业的要求以实用为主,并根据该专业的具体方向,有针对性地开设前沿技术课程;主干课程教材主要选用"面向 21 世纪课程教材",建设与课程配套的专业实验课程体系,加强实验教学。

（5）加强图书资料建设,积极积累优秀多媒体课件及资料,努力建设网络课程课件资源,丰富教学手段。重视试题库的建设,注重系部专业资料库的建设,成立系部的专业资料室。

总之,要注重信息管理与信息系统专业课程体系的优化和改革是构建信息管理与信息系统专业学生创新能力培养的基础平台,各院校结合学校特色或者地方特色开设课程,要使本专业培养的学生具备竞争能力,仅知识面广是不够的,在培养他们掌握广博知识的同时,还要根据社会当前需要和未来发展需求、高校的办学特色或者地方特色进行课程设置,使学生具备某一方面的专业竞争能力。

信息管理与信息系统专业既不同于计算机专业,也不同于一般的管理专业,更不是计算机专业与管理专业的简单叠加和结合,本专业课程的设置要充分体现各高校的特色,除核心专业课程外,还要根据不同高校的服务定位来增设信息系统在不同领域中的应用类课程,从而增强学生对社会的适应性。不同的院校应体现特色办学的理念。

第四节 实验与实践教学

信息管理与信息系统是技术应用型专业,分析其面向的职业核心能力,无论哪一个都是以信息系统为核心,以计算机技术应用为根本。特别是信息系统开发这一核心能力,更是其他几个核心能力培养的基础,因此应用型本科以"管理信息系统"为专业建设方向,以信息系统分析、设计、实施、维护与管理为学生的核心能力培养目标,无疑是符合了技术学科以应用型人才培养为主的基本思路。

信息管理与信息系统专业所依托的学科有经济学、管理学、计算机科学与技术。传统的培养计划是将学科理论知识与技术课程简单相加,应用能力培养也只是增加这些课程的实践环节,只能增强学生的单项理论知识和技术应用能力,这与实际工作需要的能力还有很大差距。近几年的应用型办学实践表明,只强调学科领域分立课程的教学和实践改革是远远不够的,应用型人才的培养目标即解决实际问题的能力很难达到理想效果,在课程体系中需要设置将这些单门课程综合起来的教学环节,通过开设此综合性教学环节以培养学生解决工作实际问题的能力,进一步提升学生的专业技能与核心能力。

一、信息管理与信息系统专业毕业生实习目的

毕业实习是实践性的教学环节,是培养学生综合运用大学中所学理论知识去解决实际问题的基本能力训练,也是顺利完成毕业环节教学的基础和前提。

通过毕业实习,信息管理与信息系统专业毕业生需达成的目标有:

1. 较全面、深入地了解和信息管理与信息系统相关的工作及其重要作用，熟悉信息管理的主要业务内容以及信息系统开发与应用的特点和意义。了解在实际工作中如何进行有关信息管理与信息系统方面的业务活动，推进企事业单位的信息系统建设，对所学专业的意义和特点有更为全面的认识。

2. 进一步消化、补充和巩固已学到的专业理论知识。通过实践环节，检查对所学知识的理解程度、掌握程度和实际应用的能力，检查与毕业论文（设计）有关的各项准备工作的计划性和完善程度。

3. 有针对性地锻炼观察问题、分析问题和解决问题的能力，将所学理论与实践相结合，培养脚踏实地、扎扎实实的工作作风，为今后顺利地走上工作岗位打下一定的基础。

二、信息管理与信息系统专业学生能力培养要求

实践教学的目的是让学生掌握和运用各项专门知识与技术，培养开展信息管理与信息系统专业有关的实验、科研、开发等活动的基本能力，具备综合运用所学知识分析和解决问题的能力。能力培养要求主要围绕以下几个方面进行：

（一）职业能力

信息管理与信息系统专业的学生通过四年的学习，要系统、全面地掌握本专业的基本理论知识，接受必要的基础研究训练，特别是应用研究方面的科学思维和科学实验训练，具有初步的经济学、管理学素养，良好的计算机科学素养以及一定的应用和科研能力。学生应该培养的职业能力如下：

1. 现代经济与管理理论的应用能力

具备经济学的基本理论与分析方法，具备运用一定的经济手段来管理信息资源的能力；具备现代管理理论基础，掌握企业管理、人力资源管理、市场营销的思想、管理流程。

2. 信息处理的基本能力

能辨识自己的信息需求；能了解完整的信息和智慧决策之间的关系；能

陈述信息问题，表达信息需求；知道可能有用的信息资源；能制定妥善的信息检索策略；能使用信息资源；能评估信息的相关性及有用程度；能合理组织信息使其具有实用性；能组合新信息成为自己原有知识的一部分；能将信息应用于批判性思考及解决实际问题。

3. 数据库技术应用能力

掌握数据库的基本理论知识；掌握不同类型的数据库的建立、管理、查询、备份和恢复技术；将收集到的信息进行分析研究、分类、整合，用数据库技术实现集中管理。

4. 计算机网络技术应用能力

理解计算机网络的体系结构、网络参考模型，掌握局域网和网络互联技术、网络操作系统、网络工程的相关技术；能根据实际应用需求构建满足要求的网络系统；具有对网络实施管理、维护的初步能力。

5. 信息系统的规划、设计、开发、集成、管理和维护能力

能综合运用所学知识，整合各类信息资源，运用信息系统的分析方法、设计方法和实现技术，规划、设计、开发、集成、管理和维护信息系统。

（二）可持续发展能力

1. 多视野认知能力

通过学校开设的通识课程的学习，培养学生多视野认知能力和综合能力，服务于学生个性及其特长的形成。

2. 自主学习的意识和能力

具有良好的自主学习习惯，能科学地制订学习计划和有效管理自己的学习时间；掌握科学的思维和学习方法；善于利用一切学习资源辅助自己的学习；树立终身学习的观念，对知识的获取具有较强的欲望和能力。

3. 学科拓展能力

具备信息管理与信息系统专业方面可持续发展的基本知识，了解本专业的理论前沿、应用前景和最新发展动态；能对所在地的信息系统的应用状况有较深入的了解，能对所在地的信息系统建设问题提出自己的见解和构想；掌握文献检索、信息查询的基本方法，具有一定的科学研究和实际工作能力，能在教师的指导下规划、设计和开发出满足实际需要的信息管理系统

或者撰写有一定水平的经济、管理类科研论文；毕业生能很快胜任与所学专业有关的各项工作或继续深造。

三、信息管理与信息系统专业毕业生实习总体要求

毕业实习是学生在校期间最重要的实践环节。作为一门基础应用结合的课程，实习对于信息管理与信息系统专业的毕业生尤为重要。因此在实习中，以实习单位为课堂，聘请实习单位中有丰富实践经验的管理工作人员为指导教师。学生应认真完成毕业实习，以真正收到实效。在实习过程中，要求学生做到：

1. 严格按照规定时间进行实习，不得提前结束实习，也不得未经批准随意延长实习时间。要遵守实习单位的劳动纪律和各项规章制度，树立良好的职业道德和组织纪律观念，与实习指导老师和实习单位搞好关系。

2. 对在实习中知悉的商业秘密要保密。借阅实习单位提供的各类文件、数据等资料，必须严格按照有关规定妥善保管，用后完整归还。

3. 为保证毕业实习后续环节（毕业论文）的顺利进行，要求学生在实习中注意系统收集和全面了解与毕业论文（设计）内容有关的数据、资料。要深入了解毕业论文（设计）的相关背景情况，系统查阅有关文献，熟悉毕业论文（设计）的研究思路、技术途径、方法步骤和实际经营管理活动中现有的相关研究成果。

4. 虚心学习，勤奋探索，认真求教。善于总结并尊重实践工作经验，尊重实习单位员工。认真做好实习笔记，撰写实习报告。

5. 实习过程中，应注意经常与学校指导老师保持联系，及时汇报实习情况，听取老师对实习过程的指导与建议。

四、信息管理与信息系统专业毕业生实习内容

（一）信息管理与信息系统专业毕业生实习目的

1. 通过毕业实习检验学生们的理论联系实际的能力。

2. 毕业实习是大学学历教育的必要环节，为学生走向社会、走向工作岗位奠定基础。

3. 毕业实习是毕业设计的重要基础,学生在毕业实习中的具体实践为后面的毕业设计奠定了坚实的基础,为同学们提供了理论联系实际的环境。

(二）信息管理与信息系统专业毕业生实习要求

1. 要求学生充分认识毕业实习的重要性。实习是一个人由学习阶段走向社会实践的一个过渡阶段,要有目的地应用此阶段中的有利因素,多向相关人员请教。实习时要做到踏实、谦虚、认真。

2. 实习中要主动、独立、热情地完成实习项目,注重理论与实际的紧密结合,利用所学知识进行产品的市场调查、企业产品推销,为社会、为企业创造财富。

3. 初入社会,要谨慎行事,注意人身安全、公共财物安全,要遵守社会规范和企业规章制度。要体现大学生的精神文明风貌。要自尊、自爱、自强,关心集体,爱护公物,不要做有损于学校荣誉的事。有事及时向相关的指导教师报告。

(三）信息管理与信息系统专业毕业生实习具体内容

毕业实习是学生接触社会,将理论付诸实践的教学过程。每位学生都要积极参加,信息管理与信息系统专业毕业生也不例外。学生通过一段时间的实践,熟悉信息管理、信息系统开发与应用等相关岗位上的具体操作,了解实际工作中信息管理以及信息系统开发与应用的具体工作流程及不同模式,从而使已学过的专业知识与实践相结合。

毕业实习的具体内容是：

1. 收集毕业论文相关资料,了解实习单位的组织机构,尤其是与信息技术相关的组织机构的设立及其职责权限的划分情况。

2. 参与实习单位的信息处理过程,了解实习单位的信息处理流程,绘制主要业务的数据流程图。

3. 参与实习单位的信息管理或信息系统的设计与应用活动,包括系统分析、系统设计、系统实施、系统维护、系统安装与网络建设以及系统培训和使用指导等工作。

4. 分析评价实习单位在信息管理和信息系统应用工作中制度规范的制定和执行情况与不足,并提出合理化改进意见。

五、信息管理与信息系统专业毕业生实习方法

采取一般实习和专题实习相结合的方式进行,两类实习时间的具体安排可根据实习要求和实习单位的实际情况商定。

1. 由实习单位根据院校实习大纲的要求,结合本单位实际情况,制订具体部门实习和专题实习的实施计划。

2. 在实习期间,由实习单位指定人员带教,负责学生的业务指导,带教老师要固定,对学生要严格要求、循循善诱。

3. 具体实习内容由实习单位统筹安排,一般由实习单位各级管理部门或职能部门进行安排。

4. 由所在实习单位指导老师根据实习大纲要求和实习进度安排有关专题辅导,以讲座形式介绍与实习业务有关的管理知识和技能。

5. 学校组织专业教师定期了解实习情况,必要时协助带教老师对学生的专题实习做一些业务辅导。

6. 学生在实习过程中应每天书写实习工作日志,详细记录实习内容和方法、经验体会。

六、实习组织与管理

(一)组织与领导

在实习期间,学生的政治、业务、党团组织生活以及生活管理等各项工作均在实习单位的领导下统一安排;实习单位制订具体的实施计划,在实习中如遇特殊情况,可在确保实习质量的情况下做适当修改,并应及时与学校有关部门联系。

(二)师资配备

实习单位有专人负责实习工作,各实习科室均有带教老师,带教老师应具有丰富的实践经验和相应的技术职称。

(三)实习纪律

学生在实习期间,除了遵守大学生守则、学校学生管理制度和实习单位规章制度外,还必须遵守以下纪律:实习学生必须按规定日期到实习单位报

到,并按规定日期结束实习离开实习单位,实习中途异地轮换必须严格遵守有关的时间规定,不得中途脱节,未经批准擅自延迟报到或提早离开均作旷实习论处;实习期间法定节假日原地休息,对擅自离开实习单位所在地去外地旅游者,作旷实习论处;实习期间因工作需要加班者不应补假;星期日值班可以补休,但不得集中休假,不得把假期累积起来擅自回家、外出;实习期间一般不得请假,如有特殊情况,须严格遵守请假制度,病假须有医院证明,请假一周以内由实习单位领导批准,一周以上须经实习单位同意,报学校批准;未经请假或未经批准擅自离开实习单位,以及请假超假者,均作旷实习论处;无论因事假或病假,缺实习一周以上者必须补实习,缺实习的时间达到实习总时间1/3者应予休学;在实习过程中,由于工作不负责,造成事故或不良影响者,应严肃处理;不得在宿舍内留亲友或同学住宿,不得私插电炉,上班时不得会客;保持宿舍整洁卫生,不得在宿舍喧闹,经常打扫卫生,美化环境;积极参加实习单位的时事政治学习和各项政治活动。以上各条纪律如有违反者,视其错误性质和情节轻重给予批评教育和必要的纪律处分。

总之,信息管理与信息系统专业学生通过几年的基础理论课程的学习及实践,毕业时应获得的知识和能力体现在:较系统地掌握信息管理和信息系统设计、维护的基本理论、基本知识;掌握管理信息系统的分析方法、设计方法和实现基本技术;掌握信息组织、信息检索与存储、信息分析研究、传播与开发利用的基本能力;具备获取信息,生产、经营信息产品及保护其知识产权的能力;具备综合运用所学知识分析和解决问题的基本能力;了解本专业相关领域的理论前沿、应用前景和最新发展动态;掌握文献检索、资料查询和收集的基本方法,具有一定的科研和实际工作能力;较熟练地掌握一门外语。

第五章
信息管理与信息系统专业教学安排及学习方法

在系统了解信息管理与信息系统专业的人才培养目标、专业学科基础及课程体系后,本章将详细介绍与各位大学生四年大学学习生活密切相关的本专业的教学安排及教学环节。教学安排根据本专业的人才培养方案、对学生的知识及能力结构要求进行设计。教学安排是否科学合理将直接影响人才培养目标和教学效果的实现,同时影响个人职业规划和学习安排,因此应引起足够的重视。

第一节 教学安排

一、课程设置

按照业务培养基本要求,本专业旨在培养学生掌握信息管理基础理论、系统思想和信息系统分析与设计方法等方面的知识,更要求学生具备计算机网络技术应用技能、科技信息组织与分析的基本方法、经济管理与企业信息管理能力,能在各类政府部门、医院、医药企业从事信息化的管理工作,信息系统的规划、设计、建设与实施工作,信息服务,信息研究利用以及卫生情报分析、管理工作。

据此,本专业的主要课程包括:管理学、统计学、运筹学、数据结构、数据库原理与应用、计算机网络、程序设计基础、管理信息系统、信息资源管理、信息检索理论与技术、信息组织原理、信息分析与决策、信息检索(中文、西文)、Internet 实用技术、信息计量原理与应用、信息系统安全、系统工程、Web 程序设计及应用等。

(一)主要课程模块

本专业学生全部修读课程分为通识教育必修课程、计算机科学与技术课程、经济管理课程、信息管理与信息系统专业基础课程、信息处理与检索课程、信息系统设计与开发课程、信息管理实务课程等七大模块(见表 5-1～表 5-7)。课程修读类型分为必修课和选修课,从表 5-1～表 5-7 中可以看出,信息管理实务和信息系统设计与开发两大课程模块中的课程大多为选修课(除医院管理信息系统和学术论文设计与写作两门课为必修),且规定的考核方式主要为考查(非考试);而选修课又分为限选课和任选课两个部分。

表 5-1 通识教育必修课程模块(共 38 学分)

名称	学分	学时	学期	性质
思想道德修养与法律基础	2.5	45	2	必修(考试)
马克思主义基本原理	2.5	45	3	必修(考试)
毛泽东思想和中国特色社会主义理论体系概论	4.5	81	4	必修(考试)
中国近现代史纲要	2.5	45	2	必修(考试)
思想政治理论综合社会实践	2	36	*	必修(考查)
形势与政策(一)/(二)/(三)/(四)	0.5/0.5/0.5/0.5	9/9/9/9	1/2/3/4	必修(考查)
大学信息技术基础	2	54	2	必修(考试)

续表

名称	学分	学时	学期	性质
大学英语基础/提高/发展/高阶课程	3/3/3/2	54/54/54/36	1/2/3/4	必修(考试)
军事理论	2	36	1	必修(考查)
大学生职业生涯规划	0.5	9	1	必修(考查)
大学生创新创业与就业指导	0.5	9	6	必修(考查)
体育Ⅰ/Ⅱ/Ⅲ/Ⅳ	1/1/1/1	36/36/36/36	1/2/3/4	必修(考查)
大学生心理健康教育	2	36	1	必修(考查)

表5-2 计算机科学与技术课程模块(共14学分)

名称	学分	学时	学期	性质
程序设计基础	3	72	1	必修(考试)
数据库原理与应用	3	72	3	必修(考试)
数据结构	3	72	4	必修(考试)
计算机网络	2.5	54	5	必修(考查)
Java程序设计	2.5	54	5	限选(考试)

表5-3 经济管理课程模块(共12学分)

名称	学分	学时	学期	性质
管理学	3	54	1	必修(考试)
统计学	3	54	4	必修(考试)
西方经济学	3	54	3	必修(考查)
博弈论与信息经济学	3	54	6	限选(考查)

表5-4 信息管理与信息系统专业基础课程(共28学分)

名称	学分	学时	学期	性质
高等数学	5	90	1	必修(考试)
线性代数	2	36	2	必修(考试)
概率论与数理统计	3	54	3	必修(考试)

续表

名称	学分	学时	学期	性质
信管专业导论	1	18	1	必修(考查)
Internet 实用技术	3	72	5	必修(考试)
信息计量原理与应用	3	54	4	必修(考查)
运筹学	3	54	4	必修(考试)
信息资源管理	2.5	54	5	必修(考试)
系统工程	3	54	5	必修(考试)
管理信息系统	2.5	54	6	必修(考试)

表 5-5　信息处理与检索课程(共 19.5 学分)

名称	学分	学时	学期	性质
信息组织原理	2.5	54	2	必修(考试)
信息检索(中文、西文)	3	72	3	必修(考试)
自然语言处理基础	3	54	4	限选(考查)
信息检索理论与技术	2.5	54	3	必修(考试)
竞争情报理论与实践	2.5	54	5	限选(考查)
信息分析与决策	3	54	6	必修(考试)
医学信息学	3	54	5	必修(考试)

表 5-6　信息系统设计与开发课程(共 11 学分)

名称	学分	学时	学期	性质
Visual C++程序设计	3	72	3	限选(考试)
Web 程序设计及应用	2.5	54	3	限选(考查)
信息系统安全	2	36	7	限选(考查)
医院管理信息系统	1.5	36	7	必修(考查)
数据分析与数据挖掘	2	54	6	限选(考查)

表 5-7　信息管理实务课程(共 15 学分)

名称	学分	学时	学期	性质
临床信息管理	2	36	4	限选(考查)
信息分析软件及应用	1	36	6	限选(考查)
学术论文设计与写作	2	36	7	必修(考查)
信管专业英语	2	36	5	限选(考查)
MATLAB 及应用	2.5	54	5	限选(考查)
大数据分析与应用	2	54	4	限选(考查)
管理学研究方法	2	36	5	限选(考查)
卫生统计学	1.5	54	6	限选(考查)

(二) 主要专业实验

本专业涉及的实验课程主要有 11 门:信息系统设计与开发课程模块中的 Visual C++程序设计、Web 程序设计及应用、医院管理信息系统、信息管理与信息系统专业基础课程模块中的管理信息系统、信息处理与检索课程模块中的信息检索(中文、西文)、信息组织原理、竞争情报理论与实践、信息管理实务课程模块中的信息分析软件及应用、MATLAB 及应用、大数据分析与应用、卫生统计学。下面简要介绍 11 门实验实训课程的实验内容及要求。

1. Visual C++程序设计

实验目的:熟悉 Visual C++的开发环境,掌握程序调试技巧,并能够使用 C++语言开发一般应用程序。

实验内容:① 建立一个简单的 Visual C++程序并调试运行;② 表达式的使用;③ 编制选择结构、循环结构程序;④ 函数的使用;⑤ 数组及其应用;⑥ 字符串的使用;⑦ 指针、地址和数组的应用;⑧ 结构体类型的定义与使用;⑨ 链表的建立;⑩ 类和对象的定义;⑪ 静态类成员的使用,友元函数的定义与使用,运算符重载的应用;⑫ 继承、虚函数的使用。

实验方法:上机操作。

2. 管理信息系统

实验目的:了解管理信息系统的作用,掌握管理信息系统的结构原理,熟悉其一般操作流程。

实验内容:① 管理信息系统的整体认识;② 数据库实验;③ 系统流程分析与设计;④ ERP 系统的结构认识和初始化;⑤ ERP 系统运作。

实验方法:上机操作。

3. 信息检索(中文、西文)

实验目的:熟悉常见中外文各类工具书、数据库、网络信息资源,掌握信息检索技巧,能够根据某一特定选题自主检索所需信息,撰写检索报告。

实验内容:① 中文数据库检索;② 西文数据库检索;③ 工具书检索;④ 医药专题信息检索;⑤ 特种文献检索;⑥ 特色搜索引擎使用。

实验方法:上机操作。

4. 信息组织原理

实验目的:了解传统著录法的著录规则,掌握依据传统著录法著录图书的方法;熟悉机读目录著录法的著录结果,掌握 MARC 记录中各字段每个部分的含义;了解《中国图书馆分类法》(以下简称《中图法》)的体系结构,掌握使用《中图法》进行分类标引的工作程序和方法;掌握典型叙词表中叙词款目及各部分的含义。

实验内容:① 依据《文献著录总则》(GB/T3792.1—2009)对给定图书进行卡片式和书本式著录;② 依据《新版中国机读目录格式使用手册》解读给定图书 MARC 记录中的主要内容;③ 结合实验问题认识《中图法》的体系结构,使用《中图法》完成不同类型主题的分类标引;④ 分别解读《汉语主题词表》《中医药主题词表》《教育资源叙词表》中叙词款目的著录项目。

实验方法:上机操作。

5. 竞争情报理论与实践

实验目的:掌握企业竞争情报的来源及构成体系,掌握获取、分析和处理企业有关财务、技术、人才、管理等企业内部竞争情报的基础知识和基本技能,掌握获取、分析和处理企业竞争对手与环境信息等企业外部竞争情报的基础知识和基本技能,培养学生分析本企业和竞争对手情报、竞争环境情报和竞争策略情报的能力与意识。

实验内容：① 熟悉我国政府、行业协会、公共信息服务机构（各类图书馆，情报研究所、档案馆、信息服务与咨询中心、媒体、金融机构等）、企业、个人信息资源基础上，构建企业竞争情报的来源及构成体系；② 选定一上市公司，收集其财务、技术、人才、管理等情报进行全方位跟踪监测，搜集其相关信息并进行企业内部竞争情报分析；③ 就上市公司某一特定项目、产品或服务，全方位搜集相关信息并进行竞争对手与竞争环境情报分析；④ 形成具有一定价值的竞争情报分析报告并提出相应对策，为企业策略制定提供一定的依据。

实验方法：上机操作。

6. Web 程序设计及应用

实验目的：熟悉 ASP.NET 的基本语法，掌握开发工具，能够结合数据库开发一个 Web 应用程序。

实验内容：① 开发环境架设及熟悉；② 常用控件使用；③ ADO.NET 数据访问技术；④ 数据窗体设计。

实验方法：上机操作。

7. 医院管理信息系统

实验目的：熟悉医院管理信息系统各个功能模块和业务流程。

实验内容：① 熟悉"挂号"和"收费"模块功能和流程及使用方法；② 熟悉"医生工作站"和"护士工作站"模块功能和流程及使用方法；③ 熟悉"住院医生诊台"模块功能和流程及使用方法；④ 练习使用医院门急诊系统，理解医院门急诊系统业务流和数据流；⑤ 组合开发团队开发医院信息系统；⑥ 了解 CNHIS 医院信息系统软件数据库结构组成并设计数据库结构。

实验方法：上机操作。

8. 信息分析软件及应用

实验目的：了解文献管理和信息分析领域常用软件的主要功能和使用价值，能熟练使用文献管理和信息分析工具完成相关课题。

实验内容：① 信息分析工具的主要功能。② 主要文献管理工具的使用：CNKI E-learning、EndNote、NoteExpress、Refworks、Mindmanage。

③一般统计分析工具的使用:SPSS、Excel、Bibexcel。④信息可视化分析工具的使用:CiteSpace、SATI、HistCite、UCINET、Pajek。

实验方法:上机操作。

9. MATLAB 及应用

实验目的:了解 MATLAB 的具体应用。

实验内容:矩阵计算、字符串分析、科学计算、数据可视化、MATLAB 中的编程、Simulink 以及 MATLAB GUI。

实验方法:上机操作。

10. 大数据分析与应用

实验目的:了解大数据分析的全流程,掌握数据采集、数据存储与管理、数据处理与分析、数据可视化等环节典型软件的安装、使用和基础编程方法。

实验内容:熟悉常用的 Linux 操作和 Hadoop 操作。熟悉常用的 HDFS 操作。熟悉常用的 HBase 操作。NoSQL 和关系数据库的操作比较。MapReduce 初级编程实践。

实验方法:上机操作。

11. 卫生统计学

实验目的:在掌握统计学基本原理与方法的基础上,选择正确的统计学方法解决卫生管理中的相关问题,根据计算机操作结果进一步得出统计学结论,并根据统计学结论得出专业性结论。

实验内容:一般性统计描述、t 检验、χ^2 检验、方差分析、秩和检验、回归与相关。

实验方法:上机操作。

(三) 主要实践教学环节

实践教学环节主要包括教学见习和毕业实习(毕业设计和毕业论文)。

1. 见习

教学目的:了解医学信息管理的一般程序和方法,学会撰写调查报告。

主要内容:以到医院信息科参观学习或到外资企业、中外合资企业和大小中医院、医药企业参观和调查为主。实习结束后提交实习报告。

安排与要求:教学实习1周,放在第七学期进行。

2. 毕业实习(含设计与论文)

通过在信息管理、信息系统开发与应用等相关岗位上进行一段时间的具体操作练习,了解实际工作中单位信息管理以及信息系统开发与应用的具体工作流程及不同模式,从而使已学过的专业知识与实践相结合。

实习目的:① 了解信息管理与信息系统相关的工作及重要作用,熟悉信息管理和主要业务内容以及信息系统开发与应用的特点和意义。了解在实际工作中如何进行有关信息管理与信息系统方面的业务活动,推进企事业单位的信息系统建设。② 进一步消化、补充和巩固已学到的专业理论知识。通过实践环节,检查对所学知识的理解程度、掌握程度和实际应用能力。③ 有针对性地锻炼观察问题、分析问题和解决问题的能力,促进将所学理论与实践相结合。

实习内容:① 收集毕业论文相关资料,了解实习单位的组织机构,尤其是与信息技术相关的组织机构的设立及其职责权限的划分情况。② 参与实习单位的信息处理过程,了解实习单位的信息处理流程。③ 参与实习单位的信息管理或信息系统的设计与应用活动。④ 分析评价实习单位在信息管理和信息系统应用工作中制度规范的制定和执行情况与不足。

安排与要求:毕业实习时间合计 15 周,在第八学期进行,以医药卫生领域企事业单位的信息管理实践为主,采取学校联系和个人联系相结合的方法落实实习单位。

二、指导性教学进程安排

信息管理与信息系统专业学制四年,共八个学期,其中第八学期为毕业实习(为期 15 周),学分 15 分。

(一)计划学分

按照课程类型不同,将各类课程学分要求列表,如表 5-8 所示。由表可知,选修课总学分需达到 41 学分以上,限选课与任选课有不同的要求。此外,其余课程全部为必修课程,必修课程学分总和为 129 学分。必修课程中还包括除 46 门必修课以外的毕业实习、见习、劳动教育、社会实践、创新创业实践、安全教育、军事训练等多种类别的课程。

表 5-8 学分计划

课程分类			门数	学分	总学时	说明
通识教育课程	通识教育必修课程		22	38	774	必修
	通识教育选修课程	人文艺术类			见学校统一表格	选修≥2 学分
		科学素养类				选修≥1 学分
		社会认知类				选修≥1 学分
		医学经典类				选修≥1 学分
		国际视野类				选修≥1 学分
专业课程	专业必修课程		24	66	1 332	必修
	专业限选课程（含融合创新选修课）		18	40.5	864	选修≥27 学分
素质拓展	专业任选课程			见学校统一表格		选修≥8 学分
	军事训练			2	2 周	必修
	安全教育			1	18	必修
	创新创业实践			6		必修
	社会实践			1		必修
	劳动教育			2		必修
基地实践	见习			1	1 周	必修
	毕业实习			12	12 周	必修

（二）各学期教学安排

由前面的介绍可知,信息管理与信息系统专业（四年制）课程修读类型为必修课和选修课,表 5-9 和表 5-10 分别列出了该专业各学期必修课和选修课对应的学分安排。由表 5-9 可见,1~7 学期的必修课总学分要求分别为 21、18、21.5、20、14、6、3.5 学分。第一至四学期（大一学年、大二学年）的课程总学分和课程门数较第五至七学期明显偏多,尤其第一学期的通识教育课程达到 6 门之多;从课程属性来看,通识教育课基本安排在前两年,专业课和专业基础课主要安排在第三、四、五学期。

表 5-9 必修课各学期教学安排计划

学期		一	二	三	四	五	六	七	八
总学分		21	18	21.5	20	14	6	3.5	毕业实习
总课程门数		10	9	9	8	5	3	2	
考核类型	考试课门数	4	6	6	6	4	2	0	
	考查课门数	6	3	3	2	1	1	2	
课程属性	通识教育课	6	7	4	4	—	1	—	
	专业基础课	4	1	4	3	3	—	—	
	专业课	—	1	1	1	2	2	2	

表 5-10 给出了该专业的选修课(这里指专业限选课和融合创新选修课)在各学期的课程开设安排计划。可以看出,第三至六学期的选修课开设数量基本均衡,由于选修课属于学生可以根据自己兴趣自主选择的课程,因此学生可以根据每学期的必修课计划合理选择选修课程。

表 5-10 选修课各学期教学安排计划

学期		一	二	三	四	五	六	七	八
总学分		—	—	5.5	9	11.5	9.5	5	毕业实习
总课程门数		—	—	2	4	5	5	2	
考核类型	考试课门数	—	—	2	—	—	—	—	
	考查课门数	—	—	—	4	5	5	2	
课程类别	专业限选类	—	—	2	4	3	5	2	
	融合创新类	—	—	—	—	2	—	—	

表 5-11 和表 5-12 为信息管理与信息系统专业四年制的专业指导性教学进程表。表中详细列出了人才培养方案中该专业具体的每一门课程的名称、课程考核方式、学时数及开课学期等。从两张表中能够清晰地了解本专业的教学进程和课程设置框架,故而从宏观和微观上全面掌握专业教学安排和教学进度,合理安排个人的学期学习计划和职业规划。

表 5-11 信息管理与信息系统专业（四年制）指导性教学进程表（必修课）

课程类别	课程名称	开课学期	考核方式	总学时数	理论讲授 非综合设计性教学	理论讲授 综合设计性教学	实验实训 非综合设计性教学	实验实训 综合设计性教学	指导性自学	一	二	三	四	五	六	七	八
通识教育必修课	中国近现代史纲要	二	考试	45	31	9			5		2.5						
	思想道德修养与法律基础	一	考试	45	31	9			5	2.5							
	马克思主义基本原理	三	考试	45	31	9			5			2.5					
	毛泽东思想和中国特色社会主义理论体系概论	四	考试	81	57	15			9				4.5				
	思想政治理论综合社会实践	二	考查	36	32				4		2						
	大学生职业生涯规划	一	考查	9	8				1	0.5							
	大学生创新创业与就业指导	六	考查	9	8				1	0.5							
	形势与政策（一）	一	考查	9	8				1	0.5							
	形势与政策（二）	二	考查	9	8				1		0.5						
	形势与政策（三）	三	考查	9	8				1			0.5					
	形势与政策（四）	四	考查	9	8				1				0.5				
	军事理论	一	考查	36	32				4	2							
	体育Ⅰ	一	考查	36	2		30		4	1							
	体育Ⅱ	二	考查	36			32		4		1						
	体育Ⅲ	三	考查	36			32		4			1					
	体育Ⅳ	四	考查	36			32		4				1				
	大学信息技术基础	一	考试	54	20	12		16	6	2							
	大学英语基础课程	一	考试	54	36	12			6	3							
	大学英语提高课程	二	考试	54	36	12			6		3						
	大学英语发展课程	三	考试	54	36	12			6			3					
	大学英语高阶课程	四	考查	36	24	8			4				2				
	大学生心理健康教育	一	考查	36	24	8			4	2							
																	毕业实习（十一周）

续表

课程类别	课程名称	开课学期	考核方式	总学时数	学时 理论讲授 非综合设计性教学	学时 理论讲授 综合设计性教学	学时 实验实训 非综合设计性教学	学时 实验实训 综合设计性教学	指导性自学	各学期学分/周学时分配 一	二	三	四	五	六	七	八
	信管专业导论	一	考查	18	16				2	1							
	高等数学	一	考试	90	80				10	5							
	线性代数	二	考试	36	32				4		2						
	概率论与数理统计	三	考试	54	48				6			3					
	管理学	一	考试	54	48				6	3							
专业基础课	程序设计基础	一	考试	72	24	8	32		8	3							
	信息检索(中文、西文)	三	考试	72	24	8	32		8			3					
	西方经济学	三	考查	54	48				6			3					
	数据库原理与应用	三	考试	72	24	8	32		8			3					
	数据结构	四	考试	72	24	8	32		8				3				
	运筹学	四	考试	54	40	8			6				3				
	统计学	四	考查	54	34	8	6		6				3				
	计算机网络	五	考查	54	24	8	16		6					2.5			
	Internet实用技术	五	考试	72	24	8	28	4	8					3			
	系统工程	五	考试	54	48				6					3			
																	毕业实习(十二周)

续表

课程类别	课程名称	开课学期	考核方式	总学时数	学时					各学期学分/周学时分配							
					理论讲授		实验实训		指导性自学	一	二	三	四	五	六	七	八
					非综合设计性教学	综合设计性教学	非综合设计性教学	综合设计性教学									
专业课	信息组织原理	二	考试	54	24	8	12	4	6		2.5						
	信息检索理论与技术	三	考试	54	24	8	12	4	6			2.5					
	信息计量原理与应用	四	考查	54	40	8		4	6				3				
	信息资源管理	五	考试	54	24	8	12	4	6					2.5			
	医学信息学	五	考试	54	40	8			6					3			
	管理信息系统	六	考试	54	24	8	12	4	6						2.5		
	信息分析与决策	六	考查	36	40	8			4						3		
	医院管理信息系统	七	考查	36	16		12	4	4							1.5	
	学术论文设计与写作	七	考查		32				4							2	
	毕业实习(十二周)	八															12
考试门数	28门									4	6	6	6	4	2	0	—
考查门数	18门									6	3	3	2	1	1	2	—
学分数	116分									21	18	20	24.5	14	6	3.5	12
周学时	—									25.5	23	21.5	28	18	7	4.5	—
合计				2106	1316	132	400	24	234								

表5-12 信息管理与信息系统专业(四年制)指导性教学进程表(选修课)

课程类别	课程名称	开课学期	考核方式	总学时数	理论讲授		实验实训		指导性自学	各学期学分/周学时分配							
					非综合设计性教学	综合设计性教学	非综合设计性教学	综合设计性教学		一	二	三	四	五	六	七	八
专业限选课程	Web程序设计及应用	三	考查	54	24	8	16		6			2.5					
	VC++程序设计	三	考试	72	24	8	32		8			3					
	Java程序设计	五	考试	54	24	8	16		6					2.5			
	信息系统安全	七	考查	36	24	8			4							2	
	数据分析与数据挖掘	六	考查	54	16		24	8	6						2		
	自然语言处理基础	四	考查	54	40				6				3				
	临床信息管理	四	考查	36	24				4				2				
	竞争情报理论与实践	五	考查	54	24	8	16		6					2.5			
	信息分析软件及应用	六	考查	36			24	8	4						1		
	博弈论与信息经济学	六	考查	54	48				6						3		
	中医基础概论	七	考查	54	48				6							3	
	中医药传统知识与知识产权管理	四	考查	36	32				4				2				
	信管专业英语	五	考查	36	32				4					2			
	健康教育	五	考查	36	32				4						2		
	卫生统计学	六	考查	54			40	8	6						1.5		

注:八学期为毕业实习。

续表

课程类别	课程名称	开课学期	考核方式	总学时数	理论讲授 非综合性设计性教学	理论讲授 综合性设计性教学	实验实训 非综合性设计性教学	实验实训 综合性设计性教学	指导性自学	一	二	三	四	五	六	七	八
融合创新选修课	MATLAB及应用	五	考查	54	20	4		4	6					2.5			
融合创新选修课	大数据分析与应用	四	考查	54	16		24	8	6				2				
融合创新选修课	管理学研究方法	五	考查	36	32				4					2			
专业任选课程	具体课程参见各学期全校统一开设的选修课程																毕业实习

第二节　教学环节

在大力推进素质教育的今天,我们在反思实践的基础上又回归到教学的基本环节。教学环节即教学流程,一般包括课前准备、课程导入、讲授新课、课堂小结、巩固练习(作业),其中每一个教学环节都很重要。课堂是提高教学质量的主阵地,从对象上看包括老师和学生,从操作上看包括教与学,掌控教学主阵地需要认真做好课堂教学的每一个环节。信息管理与信息系统专业学生除安排军训2周、教学实习1周、毕业实习12周外,大部分课程都属于课堂教学。因此,学生和教师都应给予课堂教学足够的关注和思考。

一、课前准备

对教师来说,课前准备也叫"备课"。常言说:"台上一分钟,台下十年功。"这就是说,课前准备至关重要,不但要明确教学内容及目标,确定重难点及解决办法,也要设计好如何向学生传授新知识,同时还要做好各种教具的准备工作。

课堂教学是一个学生和教师共同参与、互动的学习过程,而备课是教学环节中的首要环节,也是影响教学有效性的关键因素。备课要求教师对素质教育有正确的认识,对新教材和课程目标有正确的理解,对学生原有的知识基础有充分的把握,甚至对学生的秉性、不足和特长有很好的了解。因此,备课要备教材、备学生、备媒体。

备课认真充分是保证教学质量的前提和保证,要在课前做好备课工作。课前准备不应局限于教师个人,学生的课前预习也可以看作是课堂教学中两大主体之一所做的课前准备。"好的开始是成功的一半",这句话强调不管做什么事,事先都要有充分的准备。在学习中,这种准备就是预习。预习好比在外出旅游之前看导游图,大概了解一下要游览的地方,做到心中有数。因此,无论是学生还是教师,做好课前准备工作至关重要。

二、导入环节

在正式进行新课讲授之前,一般要先经过知识的导入环节(如创设情境导入、故事导入等,回顾旧知识,建立新旧知识的联系)。巧妙而恰当的导入如同新课与旧课间搭起的桥梁,如同路标,引导着学生的思维方向。对于如何导入,并没有固定的模式,这需要结合课程特点、学生特点进行思考探索。回顾及复习与教学内容相关的知识引入新课,是多数教师习惯采用的一种有效的课前导入模式。

三、讲授新课

讲授新课是教学环节的核心,是教学有效性实施和体现的过程,如果说备课是战略,那么上课就是战术的具体实施,课堂40分钟必须紧紧围绕备课设定的目标,保证课堂内容有序推进。

教学是教与学的过程,在教学过程中,教师与学生都是活动的主体。教育家波利亚指出:"教师在课堂上讲什么当然重要,然而学生想的是什么却千百倍重要。"因此,在教学过程中调动学生的课堂参与积极性至关重要。课堂上既要充分体现教师的主导作用,又要重视学生在课堂教学过程中的参与程度,把课堂还给学生,使学生真正成为学习的主人,从而改变传统教学模式中教师包办一切的弊端。教学过程不再是教师思考与学生接受的机械叠加,而是共同思考和共同体验的融合,以学促教、教学相长。教学过程变成了教师与学生交往、互动的过程。

四、课堂小结

"记事者必提其要"。好的课堂小结,既能使本堂课的教学内容得到升华和总结,也能为学生的继续学习拓展新的道路,所以在课堂教学即将结束时,教师用准确、精炼的语言对本堂课的知识点、教学重点和学习难点加以总结,可以使所授知识条理化、系统化,使学生在原有知识的基础上实现对新知识的真正领悟,更好地掌握所学的新知识,大大提高课堂学习的效率。

五、巩固练习

上课本身是一门艺术,根据双向互动信息的交流,科学预留作业以巩固所学的知识。作业是教学环节中的一个重要环节,具有承上启下的地位,既是巩固所学知识、培养学生能力、发展学生智力的重要手段,也是检验备课有效性、教学效果和学习效果的最直接方式,必须高度重视。

个别辅导是课堂教学之后的补充,有必要对个别学生进行适当的补习。个别辅导也是教学突出因材施教、因人而异的具体体现。个别辅导对提高优秀率和及格率起到积极的作用。个别辅导要有计划、有目标、有针对性地进行。

在教学实施过程中,要遵循以下几点:① 根据备课内容有序开展教学活动,要充分发挥教师的主导作用和学生的主体作用,努力追求课堂教学效益的最大化;② 把握好各教学环节,根据课程特点和学生年龄特征,有效实施教学过程;③ 严格按照教学进度,把握好教学进度;④ 课后及时反思,根据上课的情况及时挖掘教学的得失,认真总结,以不断提升教学水平和教学效果。

第三节　学习方法建议

当今社会已经进入大数据、物联网、移动互联网的时代,新理论、新技术、新成果不断涌现,使得大学生毕业走向工作岗位后,必须独立、快速地学习、掌握、运用新知识和新技术。因此,无论什么专业,掌握科学的学习方法,培养学生独立的自学能力和主动探索知识的能力至关重要。在科学迅速发展的今天,学习已经成为人们生活中必不可少的重要组成部分。

大学的课程体系大体包括三类:

① 学科知识类:通识教育基础课、专业基础课、专业课。
② 技能类:实习、实验、课程设计、毕业设计、社会实践与调查。

③ 品德修养类：道德品质和行为习惯的学习。

一般来说，大学四年需要学习的课程在 40 门以上，每个学期学习的课程都不相同，内容量大，学习任务艰巨。大一、大二以学习通识教育课和基础课为主，大三学习专业基础课和部分专业课，大四侧重学习专业课和进行毕业设计、完成毕业论文。

一、大学的学习特点

从中学到大学，是人生的重大转折，大学生活的重要特点表现在：生活上要自理，管理上要自治，思想上要自我教育，学习上要高度自觉。尤其是学习的内容、方法和要求，与中学的学习有很大的差异。要想真正学到知识和本领，除了继续发扬勤奋刻苦的学习精神外，还要适应大学的教学规律，掌握大学的学习特点，选择适合自己的学习方法。大学的学习既要掌握比较深厚的基础理论和专业知识，还要重视各种能力的培养。大学教育具有明显的职业定向性，要求大学生除了扎扎实实掌握书本知识之外，还要培养研究和解决问题的能力。因此，要特别注重自学能力的培养，学会独立地支配学习时间，自觉、主动、生动活泼地学习。还要注意思维能力、创造能力、组织管理能力、表达能力的培养，为将来适应社会工作打下良好的基础。

1. 学习的系统性和方向性更强，对学生的自主性要求更高

大学学习与中学学习截然不同的特点是依赖性减少，而以主动自觉地学习为主。大学教育既传授基础知识，又传授专业知识，教育的专业性很强，还要介绍本专业、本行业的前沿知识和技术发展状况。知识的深度和广度比中学大为扩展。课堂教学往往是提纲挈领式的，教师在课堂上只讲难点、疑点、重点或者教师最有心得的一部分，其余部分就要由学生自己去攻读、理解、掌握，大部分时间是留给学生自学的。因此，培养和提高自学能力是大学生必须具备的本领。大学的学习不能像中学那样完全依赖教师的计划和安排，学生不能只单纯地接受课堂上的教学内容，必须充分发挥主观能动性，发挥自己在学习中的潜力。这种充分体现自主性的学习方式将贯穿于大学学习的全过程，并反映在大学生活的各个方面，如学习的自主安排、学习内容和学习方法的自主选择等等。

在学习方法的选择上，大学生更应发挥自主性。一般来说，大学生学习活动的主要形式有四种：教育大纲规定的课堂学习活动，补充课堂学习的自学活动，独立钻研的创造性活动，相互讨论、相互启发的学习活动。在各种不同的学习形式中，大学生都要发挥学习的自主性，可根据自己的情况，选择适合于自己的最有效的学习方法。大学的学习，不再是去死记硬背老师所讲的内容，而是要按照自己的学习目标和专业要求，选择吸收有用的知识。在方法上要自主选择，靠自己去理解和消化所学的知识。

2. 学习的形式不再拘泥于课堂听课

学习形式包括了听讲座、课堂讨论、参观实习、毕业设计、课程设计、读书报告等。不同于中学学习方式中大量而紧凑的课堂教学、频繁的作业和课堂提问，大学里课堂讲授相对减少，自学时间大量增加。大学里有藏书丰富的图书馆、设备先进的实验室、丰富多彩的课外科研活动，大学的教学计划还安排了大量的教学实验、实习、社会调查、毕业设计等教学环节。

3. 学习的内容广泛，理论实践并重，学知识与学做人并重，学习能力与工作能力并重

从广义上来看，大学生需要学习怎样读书，学习怎样做事，学习怎样与人相处，学习怎样做人；从能力培养上来看，大学生需要培养与专业有关的能力，与智商有关的思维、想象能力等，与情商有关的情绪调控、社会交际能力等，与发展有关的科研、创新能力等。

个人能力的全面发展，不仅要有良好的科学文化素质、身体素质、思想道德素质，而且还要有能妥善处理人际关系和适应社会变化的能力。我国教育历来都强调德、识、才、学、体五个方面的全面发展，或简称为德才兼备。人才的五要素是一个统一的有机体，五个方面对人才的成长互相促进、相互制约，缺一不可。能力的培养是现代社会对大学教育提出的一个重大任务。知识再多，不会运用，也只能是一个知识库、"书呆子"。由于一些大学生存在"高分低能"的现象，使得大学生的能力培养成为高等教育中十分重要的任务。获取知识和习得能力是人才成长的两个基本方面，它们的关系是相辅相成、对立统一的。广博的知识积累，是习得和发挥能力的基础，而良好的能力又可以促进知识的掌握。人才的根本标志不在于积累了多少知识，而是看其是否具有利用知识进行创造的能力。创造能力体现了识、才、学等

智能结构中诸要素的综合运用,大学生要想学有所成,将来在工作中有所发明、有所创造,对人类社会的进步有所贡献,就必须注意各种能力的培养,如科学研究的能力、发明创造的能力、捕捉信息的能力、组织管理的能力、社会活动的能力、仪器设备的操作能力、语言文字的表达能力等等。当今世界激烈的竞争中,最根本的是高科技竞争,而高科技竞争则主要表现在人才的培养和能力的发挥上。大学教育从某种意义上讲,正是培养有知识、有能力的高科技人才的重要环节。这就要求大学生在校学习期间,必须在全面掌握专业知识和其他有关知识的基础上,加强专业技能的培养和智力的开发,在学习书本知识的同时重视教学实践环节的锻炼和学习。

二、大学学习之道

有些学生进入了大学校门,仍采用中学时期的学习方法,虽然付出了相当多的时间和精力,但仍事倍功半,成绩差,有的甚至因此对学习感到恐惧和厌恶,或者觉得自卑。高校教师要善于在教学过程中让学生尽快适应大学的学习环境。在大学里,学生除了要有刻苦钻研、坚忍不拔的治学精神外,还需掌握科学的学习方法。学习方法是提高学习效率,达到学习目的的手段。钱伟长曾对大学生说:"一个青年人不但要用功学习,而且要有好的科学的学习方法。要勤于思考,多想问题,不要靠死记硬背。学习方法对头,往往能收到事半功倍的成效。"

(一)课程学习之道

在大学课程学习中要把握住的几个主要环节是:预习、听课、复习、总结、记笔记、做作业、考试等。这些环节把握好了,就能为进一步获取知识打下良好的基础。

1. 预习

这既可以看作是课前准备这一教学环节中学生可以做的工作,也可以看作是学生掌握听课主动权的有效方法。学生在预习中要把不理解的问题记下来,增加听课时求知的针对性。预习既节省学习时间,又能提高听课效率,是学习中非常重要的环节。

2. 听课记好笔记

上课时要集中精力，全神贯注，对老师强调的要点、难点和独到的见解要认真做好笔记。课堂上力争弄懂老师所讲内容，经过认真思考，消化吸收，变成自己的东西。

3. 复习和总结

课后及时复习，是巩固所学知识必不可少的一环。复习过程中要认真整理课堂笔记，对照课本和参考书，进行归纳和补充，并把多余的部分删掉，经过反复思考写出自己的心得和摘要。每过一个月或一个阶段要进行一次总结，以融会贯通所学知识，温故而知新，形成自己的思路，把握所学知识的来龙去脉，使所学知识更加完整、系统。

4. 做作业和考试

做作业是巩固消化知识，考试是检验对所学知识掌握的程度，它们都起到了及时发现薄弱环节并加以弥补的作用。做作业要举一反三，触类旁通，养成良好习惯；对考试要有正确态度，不作弊，不单纯追求高分，要把考试作为检验自己学习效果和培养独立解决问题能力的演练。在学习中应抓住这些基本环节，进行思考，在理解的基础上进行记忆，及时消化和吸收。经过不断思考，不断消化，不断加深理解，这样得到的知识和能力才是扎实的。

大学学习除了把握好以上主要环节之外，还要有目的地掌握学习规律，选择适合自己特点的学习方法，提高获取知识的能力。

（二）自学之道

每一个大学生都应当学会和掌握自学之道。大学的学习内涵和方法与中学很不相同。大学是专业学习的开始，也是独立思维的开始。因此，在大学掌握合适的学习方法，养成良好的学习习惯和思维方式至关重要。然而，习惯了多年应试教育的大学新生未必能意识到这些，仍然会采取惯性的学习方法和思维方式来应付新的问题。因此，研究和思考大学生的课外自学之道至关重要。

1. 自学之道：从举一反三到无师自通

自学能力的培养，是适应大学学习自主性特点的一个重要方面，每个大学生都要养成自学的习惯。正如钱伟长所说："一个人在大学四年里，能不能养成自学的习惯,学会自学的习惯,不但在很大程度上决定了他能否学好大学的课程,把知识真正学通、学活,而且影响到大学毕业以后,能否不断地吸收新的知识,进行创造性的工作。"当今社会,知识更新越来越快。大学毕业了,不会自学或没能养成自学的本领,不会更新知识是不行的。因此,培养和提高自学能力是大学生必须完成的一项重要任务,也是进行终身学习的基本条件。

2. 要制订科学的学习规划和计划

大学学习单凭勤奋和刻苦精神是远远不够的,只有掌握了学习规律,相应地制订出学习的规划和计划,才能有计划地逐步完成预定的学习目标。严密的学习规划是完成学习任务的保证。首先,要根据学校的教学大纲,从个人的实际出发,根据总目标的要求,从战略角度制订出基本规划,如设想在大学自己要达到的目标,要达到什么样的知识结构,学完哪些科目,培养哪几种能力等。对大学新生而言,制订整体计划是困难的,最好请教本专业的教师和高年级同学。先制订好一年级的整体计划,经过一年的实践,待熟悉了大学的学习特点和环境之后,再完善整体规划。其次,要制订阶段性具体计划,如一个学期、一个月或一周的安排,这种计划主要根据入学后自己的适应程度、学习情况(主要是学习的重点、学习时间的分配、学习方法如何调整、选择和使用什么教科书和参考书等)来制订。这种计划要遵照符合实际、切实可行、不断总结、适当调整的原则来认真思考和设计,才能起到应有的效果。

3. 要讲究读书的方法和艺术

大学学习不单单是完成课堂教学的任务,更重要的是如何发挥自学的能力,在有限的时间里去充实自己,选择与学业及自己的兴趣有关的书籍来读是最好的办法。莎士比亚说:"书籍是全世界的营养品。"培根也说:"书籍是在时代的波涛中航行的思想之船,它小心翼翼地把珍贵的货物送给一代又一代。"学会在浩如烟海的书籍中选取自己必读之书,就需要有读书的艺术。首先是确定读什么书,其次对确定要读的书进行分类。一般来讲书可分为三类,第一类浏览,第二类通读,第三类精读。正如培根所说:"有些书可供一赏,有些书可以吞下,不多的几部书应当咀嚼消化。"浏览可粗,通读要快,精读要精,这样就能在较短的时间里读很多书,既广泛地了解最新科学文化信息,又能深入研究重要理论知识,这是一种较好的读书方法。读书时还要做到如下两点:一是读思结合,读书要深入思考,不能浮光掠影、不求甚解;二是读书不唯书,不读死书。这样才能学到真知。

4. 做时间的主人,充分利用时间

大学期间,除了上课、睡觉和集体活动之外,其余的时间机动性很大,科学地安排好时间对成就学业是很重要的。吴晗在《学习集》中说:"掌握所有空闲的时间加以妥善利用,一天即使学习1小时,一年就积累365小时,积零为整,时间就被征服了。想成事业,必须珍惜时间。"

首先,要安排好每日的作息时间表,安排时要根据自己的身体状况和用脑习惯,规划在脑子最好用时干什么、脑子疲惫时干什么,既做到充分利用时间,又能劳逸结合。一旦排好时间表,就要严格执行,切忌拖拉和随意改变。要养成今日事今日毕的习惯,千万不要等明日。我生待明日,万事成蹉跎。

其次,要珍惜零星时间。大学生活越丰富多彩,时间切割得就越细,零星时间就越多。华罗庚曾说:"时间是由分秒积成的,善于利用零星时间的人,才会做出更大的成绩来。"英国数学家科尔,1903年因攻克一道两百年无人攻破的数学难题而轰动世界,而他是用了近三年的星期天来完成的。

5. 完善知识结构,注意能力培养

所谓合理的知识结构,就是既有精深的专门知识,又有广博的知识面,具有事业发展实际需要的最合理、最优化的知识体系。李政道博士说:"我是学物理的,不过我不专看物理书,还喜欢看杂七杂八的书。我认为,在年轻的时候,杂七杂八的书多看一些,头脑就能比较灵活。"大学生建立知识结构,一定要防止知识面过窄的"单打一"偏向。当然,建立合理的知识结构是一个长期复杂的过程。一方面,必须注意专博相济,一专多通,广采百家为我所用;另一方面,要注意知识结构的动态性,即所追求的知识结构绝不应当处于僵化状态,而必须是能够不断进行自我调节的动态结构。这是为了适应科技发展知识更新、研究探索新的课题和领域、职业和工作变动等因素。

大学生首先要学好开设的文化课、专业基础课、专业课;再就是学习课堂以外的知识,学会生活,学会交往,学会沉默,学会忍让,学会努力等;更重要的是积极参加学校和社会上有益于自身发展的活动,从而锻炼自己、提升自己,使自己的综合能力得到全面提升。大学生要培养的能力范围很广,主要包括自学能力、操作能力、研究能力、表达能力、组织能力、社交能力、查阅资料和选择参考书的能力、创造能力等等。总之,这些能力都是为将来事业腾飞做准备。正如爱因斯坦所说:"高等教育必须重视培养学生会思考、会探索问题的本领。人们解决世上的所有问题是用大脑的思维能力和智慧,而不是搬书本。"总之,凡是将来从事的工作所需要的能力和素质,我们必须高度重视,并在学习的过程中自觉认真地去培养。同时,还要学习各位老师和同学身上的优点,使自己得到发展。

第四节　考核要求

一、课程考核

课程考核是教学活动的一个重要环节,应积极发挥课程考核的评价、检查、激励、创新功能,加强课程考核管理,规范课程考核行为,严肃课程考核纪律,维护课程考核秩序,提高课程考核管理工作质量。

(一)考试资格

凡正常参加课堂教学活动并遵守学校学生学籍管理规定的在籍学生,必须参加所修课程的考核,并得到相应的考核成绩,成绩合格者可获得相应的学分。成绩、学分归入学生本人档案。有下列情况之一者取消考试资格:一学期内不交作业次数达总次数1/5及以上者,不论何种原因缺课达总课时1/3及以上者,实验(训)考核不及格者。

参加免修、缓考、重修、缓重修的学生必须办理有关手续方能取得参加相应考试资格,未经批准擅自参加考核者成绩不予认可。

（二）课程考核形式

课程考核分为考试、考查两种形式。考试是一种严格的、标准的知识水平评价方法，要求考生在规定的场所、规定的时间，按规定的要求和标准，完成规定的作业任务，以评价其课程学习效果。考查是可灵活选择考核方式和方法，让学生完成所要求的作业任务。教师应按照人才培养方案中规定的考核形式组织考核，期末需考试的课程一般为3~5门。教师要根据课程的性质、特点、内容和教学要求，选用恰当的考核方法，鼓励教师进行课程考核方法的改革。

（三）成绩评定

考试课程采用百分制评定成绩，考查课程采用五级制（优秀、良好、中等、及格、不及格）评定成绩。排序统计时一律换算为学分绩点。

1. 百分制与五级制的换算

90~100分为优秀，80~89分为良好，70~79分为中等，60~69分为及格，60分以下为不及格。

2. 分数和绩点换算

考试课程成绩在60分以下的绩点为0，60分绩点为1，每增加1分绩点增加0.1；考查课程成绩不及格绩点为0，及格绩点为1，中等绩点为2，良好绩点为3，优秀绩点为4。

$$平均学分绩点 = \frac{\sum(课程绩点 \times 课程学分)}{\sum 课程学分}$$

（四）成绩评定办法

课程考核总成绩由平时成绩（形成性考核）和课程结束考核成绩（终结性考核）两大部分构成。平时成绩由课程教师根据各门课程的特点采用多种恰当的考核方法，对日常学习过程进行考核，一般由作业、期中考试、实验成绩等构成。平时成绩与课程结束考核成绩的比例由课程负责人根据课程的性质、特点、内容和教学要求提出，由学院确定。一般同一门课程的多个平行教学班级使用相同的课程成绩评定方案。任课教师应在开课初向学生公布课程考核形式和成绩评定办法。

含有实验(训)教学内容的课程,可按理论、实验的学时数折算理论教学与实验教学成绩的百分比。独立设置的实验课单独考核,单独评分。学生体育课成绩的评定按照相关院校学生体育成绩考核管理办法执行。

(五)特别规定

有关免修、缓考、补考、重修、旷考与作弊的情况特别规定如下:

1. 免修

人才培养方案中规定的考试课程(政治理论课、思想教育课、体育课、实验课、教学与毕业实习除外),通过自学等途径,认为已经掌握,同时前必修课程的平均学分绩点在3.0以上的学生,本人于前学期期末考试前两周提出申请,学院审核同意后由教务处组织考核。如前学期期末有该课程考试,免修考试随期末考试进行;如期末没有该课程考试,免修考试与开学初补考同期进行。免修考试成绩绩点达到3.0及以上者,同意免修,但课程的实验、实习环节不得免修。实验、实习环节考核合格,免修考试成绩和课程实验实习环节的成绩按课时比例折算合计后的成绩为学生课程最后成绩;实验、实习环节考核不合格,免修考试成绩取消,该课程需重修。免修考试成绩绩点低于3.0者,必须跟班修读。

2. 缓考

学生因特殊情况不能参加课程考核,必须事先填写缓考申请单,经教务处批准后可以缓考。放弃已批准的课程缓考许可需申请恢复考核资格,否则考核成绩不予认可。缓考课程考核与补考同期进行,缓考不得申请二次缓考,缓考不及格不得申请补考,无故不参加缓考课程考核按旷考处理。缓考课程考核成绩评定中的平时成绩按学生原平时成绩计。缓考成绩以实得成绩记载。

3. 补考

必修课程首修考核不及格,可在学校规定的时间内补考一次,也可放弃补考,直接重修,补考不得申请缓考。补考成绩评定中平时成绩按学生原平时成绩计。补考取得70分(中等)及以下者,补考成绩以实际成绩记载;补考取得70分(中等)以上者,补考成绩一律以70分(中等)记载。选修课程考核不及格,不组织补考,可选择重修或改选其他课程。

4. 重修

放弃补考或补考仍不及格的必修课程，一律参加重修。重修考核成绩评定中平时成绩可以跟班重修时的平时成绩计，也可以首修时平时成绩计。重修课程考试取得60分及以上成绩的按实得成绩记载；重修考试不及格的，需继续重修。

由于培养方案调整，学校不再开设该课程，可选择替代课程重修。

已取得学分课程因特殊原因需要重修，在当前学期修读的总学分不超过36学分（含申请重修课程学分）时，经个人申请、学院批准、教务处同意后方可参加重修。成绩记载以该门课程最高分作为该门课程修读成绩。

结业学生在学校规定的弹性学制内，申请重修和重修考试，成绩评定办法与记载方法按在校生重修成绩评定办法与记载方法执行。

进入毕业实习（设计、论文）环节的学生不得参加重修。学生历年如有不及格必修课程（低于学业警示不及格门数），毕业前经本人申请，学院同意，教务处批准，可给予一次补考机会。成绩的评定办法与记载方法按补考的成绩评定办法与记载办法执行。

5. 旷考与作弊

凡旷考或考试作弊者，该课程成绩以零分计，并不准参加正常补考或重修。对确实有悔改表现者，经本人申请，学院签署意见，教务处批准，可参加重修。旷考及考试作弊者，按学校相关规定给予纪律处分。

二、毕业实习考核

（一）实习时间安排

毕业实习是在修完本专业理论课及相关知识要点的基础上，为准备毕业论文（设计）而进行的实践环节。为切实达到预期目的和要求，学生必须在指导教师的指点和安排下进行实习。实习时间一般安排在毕业环节的前半阶段，原则上共15周时间（第八学期第1～15周），实习总时间安排如表5-13所示。若因涉及毕业论文资料收集等特殊原因需要延长实习时间的，须预先取得指导教师的同意，并在不影响后续毕业环节（论文撰写）的前提下酌情延长时间。

表 5-13 实习总时间安排

时间	安排
第 1 周	实习动员
第 1 周至第 15 周	实习阶段
第 15 周	实习结束，上交"实习及论文手册"

每年的 3 月至 5 月上旬：在此期间对学生提出明确的实习要求。同时在专业教师指导下，在这段时间里学生一边实习一边（论文）进行毕业设计。具体论文（设计）的内容根据学生所实习单位的具体要求以及信息管理与信息系统本科专业的要求布置。

从 5 月中旬至 5 月底：全体参加毕业论文（设计）的学生提交阶段性的成果，包括系统分析报告、系统设计报告等相关内容，指导教师给出相应的修改意见。

6 月：全体学生返校完成毕业论文（设计），毕业论文或毕业设计报告正式定稿，经指导老师签字同意，进行毕业答辩，完成毕业论文（设计）成绩评定及毕业教育，最后安全离校。

（二）实习考核

毕业实习成绩应综合体现学生在整个实习过程中的表现和所取得的成效，具体由出勤率、实习态度、业务能力和任务完成情况等考核项目构成。毕业实习成绩应参考实习单位的成绩鉴定意见、学生上交的实习笔记和实习报告，以及指导教师平时的检查情况等综合评定。

1. 阶段考核

如果跨部门或多单位实习必须进行阶段考核。

（1）实习学生自我考评：每阶段实习结束前两天，实习学生应实事求是地填写考评表，及时送交带教老师，凡不填写或不交考评表者，不得进入下一轮实习。

（2）阶段考核：学生每一阶段实习结束时，带教老师应对实习生进行认真考核，其考核内容主要为：① 政治思想和劳动纪律考核。实习学生每阶段实习结束时，带教老师按"学生实习阶段考评表"的要求，根据学生在实习期间的政治思想、劳动纪律等方面的表现,按"优、良、中、差"给予评定记分。②业务考核。带教老师按"学生实习考评表"的要求,根据学生在实习期间的学习态度、专业知识掌握情况和操作技能等方面的表现,结合工作实践表现,按"优、良、中、差"给予评定记分。

带教老师应根据上述考核情况,并结合平时实习表现,综合分析,写出评语。

2. 毕业实习结束考核

毕业实习结束考核由学生最后实习单位负责进行。

毕业实习结束前一周,学生须认真做好毕业实习自我鉴定,经实习组评议并写出意见后,交实习生管理部门。

毕业实习结束时,实习单位将实习学生考评表按人汇总装订成册,综合各阶段考评及平时考勤情况,全面分析,写出实习单位考核鉴定意见。毕业实习考核表和有关考核材料,经实习单位盖章密封后由学生本人带回,以班级为单位提交至学院学生工作办公室。

三、毕业论文考核

本科毕业论文(设计)工作一般由选题及定题、论文(设计)指导、论文(设计)开题报告、中期检查、定稿、论文(设计)评阅、答辩与评定成绩、论文(设计)抽检、优秀论文(设计)推荐、工作总结等十个环节组成。

(一) 毕业论文(设计)工作进度安排

毕业论文(设计)是高等教育不可缺少的基本教学环节,是本科人才培养计划的重要组成部分,也是大学生必须完成的一门重要的必修课。毕业论文在大学第四学年完成,具体时间安排如表5-14和表5-15所示。

表5-14 第七学期毕业论文时间安排

序号	工作安排	负责部门	备注
1	开始全面计划和布置毕业论文各项工作,修订实习手册	教学科研办、各专业负责人	第2周
2	根据专业提供论文选题	本系	第3周

续表

序号	工作安排	负责部门	备注
3	学生根据论文选题指南独立选题并落实指导老师	本系	第4周
4	进行师生见面,制订工作计划,必要时进行毕业论文(设计)写作辅导,学生完成开题准备	本系	第5周起
5	进行学生开题	本系	第10周

注:① 逾期未完成开题、未准时提交论文初稿或定稿、中期检查不通过以及答辩组专家评阅未通过者,均不得进入下一环节,也不安排论文答辩。② 表中各时间节点均为截止时间,各系根据具体情况可以提前安排。

表5-15 第八学期毕业论文时间安排

序号	工作安排	负责部门	备注
1	下发手册	学工办	开学一周内
2	学生交毕业论文(设计)初稿;指导教师评阅初稿	各指导老师	第10周
3	对学生进行毕业论文(设计)中期检查	各指导老师	第12周
4	学生在指导老师的指导下修改	各指导老师	毕业论文(设计)完成过程中
5	最终定稿	本系、各指导老师	第13周,届时根据学校安排随机调整
6	组织毕业论文答辩	各系、教学科研办、学工办	根据学校安排随机调整
7	评选优秀毕业论文(设计),推荐优秀毕业论文(设计)指导教师,毕业论文(设计)整理归档	各系、教学科研办	学生离校前

(二)毕业论文(设计)的初稿及中期检查

1. 毕业论文(设计)的初稿

在规定时间内学生完成初稿,以系为单位对学生的毕业论文(设计)初稿进行检查,并提交书面报告,分析学生毕业论文(设计)的整体进展情况。

2. 毕业论文(设计)的中期检查

按照要求进行中期检查,主要检查论文的进展情况,包括是否符合计划要求、教师指导是否到位等,由指导老师和学生共同填写中期检查表,交院系归档。中期检查不通过者不得进入下一环节。

3. 毕业论文(设计)的成绩评定

学生在完成毕业论文(设计)并由指导老师审查定稿后,学院组织毕业论文(设计)答辩,以检查学生是否达到了毕业论文(设计)环节的基本要求。

(1)应根据学生完成的毕业论文质量以及答辩情况综合评定毕业论文成绩。

(2)毕业论文成绩分为优秀、良好、中等、合格、不合格五级。凡有以下条款之一者,评价为不合格:没有完成课题任务;毕业论文中有较大原则性错误,对已学有关专业知识的掌握很差;论文无中心,层次不清,逻辑混乱,文句不通;论文主要内容基本抄袭他人成果;答辩时思维混乱、概念不清。

(3)评定毕业论文(设计)成绩,必须统一标准、实事求是,优秀比例一般掌握在15%~20%。毕业论文(设计)成绩确定后,一般不得改动。如有特殊情况,经答辩小组全体成员复议通过,学院毕业论文(设计)工作领导小组组长审核批准后方可改动。

四、毕业考核

学生毕业时,学校会从德、智、体等多方面对学生进行全面鉴定。学生德智体素质合格,在学校规定年限内完成培养计划要求修读的各类课程,总学分达到170学分,毕业实习考核合格,学位论文通过答辩方可毕业,并发给毕业证书。按照学校《关于授予本科毕业生学士学位的规定》,对符合学位授予条件的学生授予学位并颁发学位证书。

对修完培养计划规定的内容,但未达到毕业要求的学生,准予结业并发给结业证书。符合换发毕业证书条件且在校时间未达到最长年限者,可在结业后一年内按学校的规定重修,合格后换发毕业证书。

学生根据所学专业要求,参加教育培养计划内规定的所有课程和各教育教学环节的学习和考核,成绩达到及格及以上,方可取得该课程的学分。成绩与学分均由学校统一管理。

第六章

毕业与就业及继续教育

第一节 毕业要求

为贯彻党的十六大精神,加快卫生系统信息化建设步伐,2002年,全国卫生信息化工作会议修改并通过《全国卫生信息化发展规划纲要(2003—2010)》,将我国医疗卫生信息化建设列为首要任务。该纲要指出:加强卫生信息化人才队伍建设,将信息技术应用列入医学教育领域,建立多层次、分类别、多形式、重实效的信息化人才培养制度,培养一批精通信息技术和卫生业务的复合型人才。在此大环境之下,医学院校的信息管理与信息系统专业应运而生。

作为中医药类院校的信息管理与信息系统专业,本专业突破了国内高校信息管理专业人才培养的两种主要模式(强技术或强管理,非此即彼),强调学生不但要掌握信息管理基础理论、系统思想和信息系统分析与设计方法等方面的知识,更要具备计算机网络技术应用技能、科技信息组织与分析的基本方法、经济管理与企业信息管理能力,能在各类政府部门、医院、医药企业从事信息化的管理工作,信息系统的规划、设计、建设与实施工作,信息服务,信息研究利用以及卫生情报分析、管理的应用型专门人才。

在培养目标的指导之下,本专业学生的毕业要求如下:

本专业的学制为四年,在学制期内,学生须按培养计划要求修读课程,修满规定学分,完成毕业设计(论文),并通过答辩,达到学校学位授予的有关规定,方可授予管理学学士学位。全部修读课程分为通识教育必修课程、计算机科学与技术课程、经济管理课程、信管专业基础课程、信息处理与检索课程、信息系统设计与开发课程、信息管理实务课程、实践教学环节等八种类型;课程修读类型分为必修课和选修课两类,选修课分为限选课和任选课两个部分,限选课必须修满规定的学分,限选课多选可替代任选课的学分。

通过学习,本专业学生应具备以下知识、能力和综合素质要求:

1. 知识结构要求

(1)掌握信息管理与信息系统的基本理论和基础知识;

(2)掌握信息系统的分析方法、设计方法和实现技术;

(3)掌握信息检索理论与方法的知识;

(4)掌握计算机科学与技术的基本理论和方法;

(5)了解本专业相关领域的发展动态;

(6)了解中医药学的基础知识。

2. 能力结构要求

(1)具有利用现代信息技术进行信息收集、加工、处理、分析研究和开发的能力;

(2)具有综合运用所学知识分析和解决问题的基本能力;

(3)掌握文献信息检索、资料查询、收集的基本方法,具有一定的科研和实际工作能力;

(4)具有较强的英语听、说、读、写能力,能借助工具书阅读专业英语书刊;

(5)具有进一步自主获取知识的能力;

(6)具有良好的社会沟通与交往能力。

3. 素质结构要求

(1)具有良好的思想道德品质;

(2) 身心健康；

(3) 具有正确的世界观、人生观和价值观；

(4) 具有良好的职业素质。

第二节　就业前景

本专业的设计主要以职业（即各行各业的单位，包括政府、事业单位、企业中与信息管理工作相关的职业领域）为主，而非以某一特定行业为主。另外，为突出本专业的医药学性质，本节将医疗卫生机构单列为一小节进行说明。

一、政府和事业单位的职业领域

（一）政府信息管理部门

政府职业领域主要指的是公务员和村官系列。以公务员为例，与本专业相关的职业领域包括政府行政机构中的信息管理部门和政府职能机构中的信息管理部门。

政府行政机构中的信息管理部门从中央到地方，主要包括工业和信息化部、省级（直辖市）工业和信息化厅、市（区）经济和信息化管理机构以及县级经济和信息化管理机构。政府行政机构信息管理部门的主要职责是：管理所辖地区信息化的宏观政策，包括本地区信息化总体规划，推进信息服务业发展和信息产业发展，组织拟订相关政策并协调信息化建设中的重大问题；促进电信、广播电视和计算机网络融合；指导协调电子政府部门、重点行业重要信息系统与基础信息网络的安全保障工作；协调处理信息安全重大事件；承担跨部门、跨地区和重要时期的信息安全应急协调工作。

许多政府职能部门都设有自己的信息管理部门，如：工商局、税务局、公安局、统计局、出入境检验检疫局、国家档案局、海关总署等，都需要大量的信息管理与信息系统专业人才。2022年国家公务员考试所设置职位信息显示，中央部委与地方部门共设置信息管理与信息系统专业相关职位21个，预计招收 33 人,较 2014 年度招录大幅减少。笔者对 2022 年国家公务员招考中与本专业相关职位及相应职责进行了统计归纳(表 6-1),为本专业学生报考公务员提供参考。

表 6-1 2022 年度国家公务员招考中与本专业相关职位及职责

机构性质	部门名称	职位名称	主要职责	工作地	招考人数
中央党群机关	中央网信办	业务处一级主任科员以下	参与舆情分析相关工作	北京市	2
中央国家行政机关(本级)	文化和旅游部	政策规划处一级主任科员及以下	参与拟订国家公共文化事业发展规划和旅游公共服务规划,起草相关政策法规草案,组织实施司内综合性调研等工作	北京市	2
中央国家行政机关省级以下直属机构	呼和浩特铁路公安局	呼和浩特铁路公安处线路警务区民警	主要从事线路治安管理及计算机网络维护工作	内蒙古自治区呼和浩特市托克托县	3
	呼和浩特铁路公安局	锡林浩特铁路公安处车站派出所民警	主要从事车站治安管理及内勤工作	河北省承德市丰宁满族自治县	2
	济南铁路公安局	济南铁路公安处线路警务区民警	主要从事线路治安管理工作	山东省菏泽市	2
	广州铁路公安局	衡阳铁路公安处车站派出所民警	主要从事车站治安管理工作	湖南省衡阳市	1
	成都铁路公安局	成都铁路公安处车站派出所民警	从事车站治安管理、公安信息管理及设备维护等工作	四川省	2
	中国民用航空西藏自治区管理局公安局	指挥中心一级警长及以下	民航公安信息化管理工作	西藏自治区拉萨市	1

续表

机构性质	部门名称	职位名称	主要职责	工作地	招考人数
中央国家行政机关省级以下直属机构	福州海关缉私局	马尾海关缉私分局一级警长及以下	主要从事缉私侦查工作	福建省福州市	1
	福州海关缉私局	平潭海关缉私分局一级警长及以下	主要从事缉私侦查工作	福建省福州市平潭县	1
	河南省消防救援总队	河南省消防救援总队所属支队管理指挥岗位	从事消防救援和执勤备战工作	河南省	2
	大连海关	综合业务四级主办及以下	从事海关一线监管工作	辽宁省	3
	长春海关	办公综合四级主办及以下	从事海关办公综合工作	吉林省长春市	1
	重庆海关	海关查检一级行政执法员	从事海关一线进出境人员及货物检疫查验工作	重庆市	3
	西宁海关	信息化网络维护二级主办及以下	从事海关信息化安全和应用系统运维保障工作	青海省海西蒙古族藏族自治州	1
中央国家行政机关参照公务员法管理事业单位	水利部黄河水利委员会	工程管理与防汛科一级主任科员及以下	承担防汛信息化管理、信息系统运行维护等工作	河南省洛阳市吉利区	1
	水利部黄河水利委员会	工程管理与防汛科一级主任科员及以下	承担防汛信息化管理、信息系统运行维护等工作	河南省洛阳市吉利区	1
	水利部黄河水利委员会	水政水资源科一级主任科员及以下	承担辖区内的水行政诉讼、协调水事纠纷,工程建设及信息化管理、水事违法行为查处等工作	河南省焦作市孟州市	1
	中国证券监督管理委员会山西监管局	辖区计算机类监管岗位一级主任科员及以下	主要从事辖区证券期货市场计算机类监管工作	山西省太原市	1

续表

机构性质	部门名称	职位名称	主要职责	工作地	招考人数
中央国家行政机关省级以下直属机构	中国证券监督管理委员会上海监管局	辖区计算机类监管岗位一级主任科员及以下	主要从事监管信息档案系统的管理、开发与维护工作	上海市	1
	水利部黄河水利委员会	防汛办公室一级主任科员及以下	承担防汛抗旱日常管理、抢险救灾、防汛信息化管理等工作	山东省菏泽市	1

注:资料来源于国家公务员局(http://www.scs.gov.cn/)。

本专业学生在报考公务员时除可参考国家公务员考试中相关岗位的设置外,也可参考某校本专业2008—2020届毕业生考取公务员或村官情况(表6-2)。

表6-2 本专业2008—2020届毕业生考取公务员或村官统计表

届别	2008届	2009届	2010届	2012届	2013届	2014届
公务员/村官/部队	姜堰市白米镇政府;泗洪县邮政局	连云港东海县李埝乡人民政府;新沂市委组织部;盐城市阜宁县益林镇兴杨居委会	江苏丹阳市;江苏泰州市	灌南县政府信息中心;淮安市委组织部;响水县公安局;张家港工商局;村官	村官	村官;晋江市发展和改革局;江苏省消防总队(部队)

届别	2015届	2016届	2017届	2018届	2020届	
公务员/村官/部队	邳州市港上镇政府	溧阳市行政服务中心;明光市国家税务局	入伍(部队);海门市正余镇司法所;德州市平原县国家税务局	江苏省徐州市委组织部;江苏省沭阳县园林市政管理处	丰县统计局(苏北计划);如东县大豫镇香台村村民委员会	

注:(1)资料来源于本校就业指导中心统计数据;(2)2011、2019届无毕业生考取公务员或村官。

（二）事业单位的信息管理部门

事业单位种类很多，与本专业相关的最大类别是医疗卫生机构和学校，医疗卫生机构中的相关职业在下节说明，学校中的相关职业主要包括职业技术学校以及高校图书馆的信息化部、科技查新部等部门的岗位，同时也包括中学信息化部中的信息技术教师岗位。另外，公共图书馆、档案馆以及乡镇或事业单位的信息服务中心也是本专业学生就业的渠道。某校本专业2008—2020届毕业生就职于事业单位的情况如表6-3所示。

表6-3 某校本专业2008—2020届毕业生事业单位就职统计表

届别	2008届	2009届	2012届	2013届	2014届	2016届	2018届
事业单位	连云港市中医药高等职业技术学校；苏州高博软件技术职业学院	温州城建档案馆；邮政储蓄银行广西北海市分行；江苏南大出国留学服务中心	公安海警学院；徐州市贾汪区英才中学；江苏省睢宁县双沟镇农村经济管理服务中心	无锡市图书馆	南京中医药大学；医保中心；北海市文学艺术届联合会	无锡市滨湖区蠡湖街道美湖社区；上海浦东新区洋泾社会组织服务中心；临沂市食品药品检验检测中心	南京中医药大学；金华市第八中学

注：（1）资料来源于本校就业指导中心统计数据；（2）2010、2011、2015、2017、2019、2020届无毕业生就职于事业单位。

二、医疗卫生机构的信息管理部门

医疗卫生机构指从卫生行政部门取得"医疗机构执业许可证"，或从民政、工商行政、机构编制管理部门取得法人单位登记证书，为社会提供医疗保健、疾病控制、卫生监督服务或从事医学科研和医学在职培训等工作的单位。医疗卫生机构包括：医院、基层医疗卫生机构、专业公共卫生机构、其他医疗卫生机构。医院包括：综合医院、中医医院、中西医结合医院、民族医院、各类专科医院和护理院，不包括：专科疾病防治院、妇幼保健院和疗养院。按照经济类型分为公立医院和民营医院，公立医院是指经济类型为国有和集体的医院；民营医院是指经济类型为国有和集体以外的医院，包括联营、股份合作、私营、港澳台投资和外国投资等医院。基层医疗卫生机构包括：社区卫生服务中心（站）、街道卫生院、乡镇卫生院、村卫生室、门诊部、诊所（医务室）。专业公共卫生机构包括：疾病预防控制中心、专科疾病防治机构、妇幼保健机构、健康教育机构、急救中心（站）、采供血机构、卫生监督机构、卫生部门主管的计划生育技术服务中心，不包括：传染病院、结核病医院、血防医院、精神病医院、卫生监督（监测、检测）机构。其他医疗卫生机构包括：疗养院、临床检验中心、医学科研机构、医学在职教育机构、医学考试中心、农村改水中心、人才交流中心、统计信息中心等卫生事业单位。

卫生部制定《全国卫生信息化发展规划纲要2003—2010年》（以下简称《规划》）的前提是为满足人民群众日益增长的医疗卫生服务需求，加快卫生信息化建设，目标在于通过大力支持卫生信息化建设，加速推进信息技术在医疗服务、预防保健、卫生监督、科研教育等卫生领域的广泛应用，建立卫生信息化体系。在该《规划》的指导下，各地区、各单位均制定了本地区、本单位的卫生信息化发展规划，精通信息技术和卫生业务的卫生信息化人才成为各医疗卫生机构迫切需要的人才。随着卫生信息化建设的推进，我国大中型医疗卫生机构一般都设有信息化部门，各级、各类型医院为医疗卫生机构的主要组成部分，其信息管理部门成为本专业学生就业的主要平台。

不同医院设置的信息管理部门名称不同，如南京鼓楼医院设为信息中心，江苏省中医院设为信息工程部，同时也有不少医院设为信息科等（以下统称信息科），绝大多数信息科下辖科室呈现多样化情况，比较一致的是大部分医院信息科均下辖计算机室、病案室、统计室、图书室（如南京鼓楼医院），负责医院信息系统的建设以及下辖各科室的业务管理。医院信息科的工作岗位大致可以分为两类：一是计算机网络中心的岗位，二是病案管理岗位。这两大块一般不交叉，各自的工作在技术上和知识结构上有较大的差别，前者需要的是计算机信息与网络技术，对医学知识只要一般了解；而后者对计算机和网路技术需要一般了解，对医学知识需要了解较多。已有研究对医院信息科的岗位和职责进行了统计，如表6-4所示。

表 6-4 医院信息科的岗位和职责统计表

岗位名称	主要职责
计算机硬件维护	1. 计算机故障的处理和维护； 2. 外设的维护
网络维护与管理	1. 局域网的组建； 2. 局域网的故障处理； 3. 局域网的管理
系统维护和数据库维护	1. 医院信息系统的运行维护； 2. 数据库的运行维护； 3. 医院网站的建设与维护
应用系统的二次开发	应用程序的开发与运行
病案信息管理	1. 病案管理； 2. 病案资料的索引、登记、编目工作； 3. 提供教学、科研、临床经验总结等使用的病案
医疗统计	1. 编报上级规定的报表和医院统计工作； 2. 督促并帮助各科室做好医疗登记、统计工作
图书管理	1. 医学图书、刊物和资料的管理； 2. 为医疗、教学、科研、预防等工作主动提供参考资料

注：资料来源于① 陈新. 福建省卫生信息管理人才培养现状与策略研究[J]. 卫生职业教育,2011,29(23):18-21；② 中华人民共和国卫生部医院工作人员职责[Z]. 1982-04-07。

需要注意的是，不同医院的信息科设置不同，其岗位职责和对人才的要求也不同，学生在求职时可结合自身兴趣、所具备的知识和技能，选择适合的医院和岗位，同时也可参考本专业历届学生就职于医院的情况。本专业2008—2020届毕业生就职于医疗卫生机构的情况如表 6-5 所示。

表 6-5 本专业 2008—2020 届毕业生医疗卫生机构就职统计表

届别	2008 届	2009 届	2010 届	2011 届	2012 届	2013 届
医疗卫生机构	东海县中医院；淮安市楚州医院；连云港东海房山中心卫生院；连云港市第二人民医院；南京空军机关医院	如皋市人民医院	常熟市第一人民医院；南京市第一医院	复旦大学附属金山医院；南京鼓楼医院集团宿迁市人民医院；上海市医药大学附属医院	灌南县长茂医院	常州市第四人民医院新北分院；南京咸慈中医肾病专科医院有限公司

续表

	2014 届	2015 届	2016 届	2017 届	2018 届
医疗卫生机构	江苏省人民医院	江阴长江医院；启东市第一人民医院	苏州市吴江区桃源镇铜罗卫生院；如皋建设医院	常熟市何市卫生院；四川省林业中心医院；常熟市何市卫生院；江苏省无锡市东亭街道社区卫生服务中心；义乌市妇幼保健院	江苏省苏北人民医院

注：(1) 资料来源于本校就业指导中心统计数据；(2) 2019、2020 届无毕业生就职于事业单位。

三、企业中的职业领域

当前，我国企业所面对的来自国内外的市场竞争更加激烈，以信息化为核心的管理现代化成为企业赢得竞争的关键因素。2007 年，国务院国有资产监督管理委员会发布《关于加强"十二五"时期中央企业信息化工作的指导性意见》(国资发〔2012〕93 号)文件，要求全面推行企业总信息师(CIO)制度，大力提高专职率，持续加强信息化人才队伍建设，开展全员信息化培训。本专业的就业信息(表 6-6)也充分说明了各行各业对信息化的重视程度，无论是大型企业还是中小型企业；无论是金融企业、交通企业、医药企业，还是机械制造企业、家用电器制造企业、大型纺织企业、大型营销企业等，企业内的业务运行一般都进行了集成化信息管理，一刻也离不开信息化手段，所以其信息管理部门的位置极其重要，需要大量信息管理相关人才。

表 6-6　本专业 2008—2020 届毕业生企业就职情况统计表

届别	2008 届	2009 届	2010 届	2011 届	2012 届	2013 届	2014 届
医药卫生行业	3	3	6	5	4	12	4
银行、金融行业	0	2	2	0	2	2	5
信息传输、软件和信息技术服务业	6	8	5	14	10	7	23

续表

届别	2008届	2009届	2010届	2011届	2012届	2013届	2014届
咨询行业	0		0	0	3		6
教育行业		0	0			2	0
其他	6	11	8	18	39	38	13
合计	16	25	21	38	59	62	51

届别	2015届	2016届	2017届	2018届	2019届	2020届
医药卫生行业	8	4	1	3	13	1
银行、金融行业	2	5	3	0	0	
信息传输、软件和信息技术服务业	3	13	14	21	11	14
咨询行业	3	6	4	0	2	3
教育行业	0	1	1	4	0	1
其他	13	11	9	12	0	7
合计	29	40	32	40	26	26

注：资料来源于南京中医药大学就业指导中心统计数据。

根据往届毕业生的求职情况，医药卫生行业备受青睐。接收历届毕业生较多的首先是医药企业，如江苏先声药业有限公司、江苏省泰州医药有限公司、北京甘李药业、海正辉瑞制药有限公司、华瑞制药有限公司、江苏鸿霖医药有限公司、江苏省康缘药业股份有限公司、礼来苏州制药有限公司、连云港正大天晴医药有限公司、南京海昌中药集团、南通苏北医药有限公司、上海龙翔生物医药开发有限公司、深圳市康哲药业有限公司、深圳市罗素医药有限公司、四川天恒药业有限责任公司、亚邦医药股份有限公司、浙江绍兴浙江医药维生素厂、北京诺华制药有限公司南京分公司、阿斯利康无锡贸易有限公司、华润三九医药公司、贝朗医疗（上海）国际贸易有限公司、国药控股股份有限公司、辉瑞投资有限公司、江苏豪森药业集团有限公司、江苏华泰晨光药业有限公司、雷允上药业有限公司、南京方腾医药技术有限公司、南京宁宜兴医药有限公司、南京希麦迪医药科技有限公司、南京世和基因生物技术有限公司、南京伟思医疗科技股份有限公司、诺和诺德（中国）制药有限公司、山东世博金都药业有限公司、上海灿明医药科技有限公司、上海泛腾生物科技有限公司、上海罗氏制药有限公司、上海上药新亚药业有限公司、上海市泽恩生物科技有限公司、深圳市康哲药业有限公司、无锡市罗益生物制药有限公司等。除此之外,医疗器械公司也是本专业学生选择的就业平台,如:北京谊安医疗系统股份有限公司、常州鼎健医疗器械有限公司、南京海泰医疗信息系统有限公司、张家港市康宏医疗器械厂、武汉康圣达医学检验所有限公司、南京神州英诺华医疗科技有限公司、苏州新波生物技术有限公司等。另外,也有部分学生选择与医药相关的公司或研究中心,如:江苏澳洋健康产业投资控股有限公司、南京神草美容院、通州区川姜镇永福堂大药房、浙江联众卫生信息科技有限公司、北京创研医学研究中心等。

本专业学生就职于银行、金融行业、咨询行业和教育行业的比例较低。历届毕业生就业的企业如下。① 银行、金融行业,如:工商银行、江苏银行、交通银行、农业银行、中国银行等各省市分行,邳州农商行、连云港东方农村商业银行股份有限公司、邮政储蓄银行、思必德(香港)国际投资有限公司、北京恒昌汇财投资管理有限公司连云港分公司、嘉吉投资(中国)有限公司南京分公司、江苏兴佳利业股权投资基金管理有限公司、鼎利财富管理有限公司、大有期货有限公司、国融证券股份有限公司、华泰证券、南京乾宁金融信息服务有限公司、新华保险、中国人民财产保险股份有限公司、中国人寿保险股份有限公司。② 咨询行业,如:北京益普索市场咨询有限公司、南京市外事服务有限公司、上海冠伯资讯有限公司、上海零点指标信息咨询有限公司、万得资讯科技有限公司、京美兰德信息公司苏州分公司、南京康朝健康咨询公司、上海向阳生涯管理咨询有限公司、南京龙文教育信息咨询有限公司、南京汇点投资咨询有限公司等。③ 教育行业主要是一些培训中心与教育类公司,如:江苏万学远程教育培训中心、瑞思学科英语、吴江市泷达电脑职业培训学校、扬州大成教育培训中心、南京鼓楼新东方进修学校、南京外国语学校青奥村小学、南京学而思教育专修学校、盐城市亭湖区纳斯达克国际语言培训中心、杭州友话好说教育科技有限公司、江苏至善教育投资管理有限公司和南京伟卓新教育科技有限公司等。

信息传输、软件和信息技术服务业是本专业毕业生就业人数占比最高的职业领域。计算机技术虽然不是本专业设计的出发点,但IT行业同样是就业的一大领域，如：中科软件科技股份有限公司、群硕软件开发有限公司、南京引桥软件开发有限公司、联创科技有限公司、南京橙红信息科技有限公司、鼎捷软件股份有限公司、江苏金软软件技术有限公司、北京科蓝软件系统股份有限公司等软件开发企业，连云港市天易计算机网络有限公司、连云港万瑞计算机技术有限公司等计算机网络应用服务企业等。互联网行业也是本专业毕业生择业的领域之一，如：苏州杰斯弗信息科技有限公司、江苏殴飞电子商务有限公司、上海紫薇网络科技有限公司、浙江万朋网络技术有限公司、南京麦智客网络科技有限公司、南京行狐电子商务有限公司等。另外，也有毕业生选择相关的通信行业就业，如：南京中兴软创科技股份有限公司、常州通信工程有限公司、深圳市天音通信发展有限公司、中国电信股份有限公司扬州分公司、中国移动通信集团江苏有限公司泰州分公司等。

　　除了以上五类行业外，还有较大比例毕业生选择其他行业就业，行业涉及建材、商贸、工程、机电、装饰、保洁、商品销售、制造业、公交公司、船舶航运业、传媒等。这也说明了随着全国各行业信息化建设的推进，本专业学生的就业面较宽，未来就业前景良好。

第三节　专业相关资证考试

　　国家职业资格证书制度是劳动就业制度的一项重要内容，也是一种特殊形式的国家考试制度。它是指按照国家制定的职业标准，由政府认定的考核鉴定机构对从业者的技能水平或职业资格进行客观、公正、科学规范的评价和鉴定，并对合格者授予相应的国家职业资格证书。国家职业资格证书由人力资源和社会保障部统一印制，劳动保障部门或国务院有关部门按规定办理和核发。国家职业资格证书是持有者具备某种职业所需要的专门知识和技能的证明，是持有者求职、任职、开业的资格凭证，是用人单位招聘、录用员工的主要依据，也是境外就业、对外劳务合作人员办理技能水平公证的有效证件。国家职业资格证书是一个系列，针对从事企业信息化建设，承担信息技术应用和信息系统开发、维护、管理和信息资源开发利用工作的复合型人员,以及计算机科学与应用、信息管理与信息系统、电子商务、自动化、管理科学与工程、工商管理等专业人员设置,"企业信息管理师"国家职业资格证书是其中的一种。

《企业信息管理师国家职业标准》的制定是为了贯彻党中央、国务院"以信息化带动工业化"的战略方针,满足我国企业信息化建设对复合型信息管理人才的迫切需要,尽快在全社会培养和造就一支既懂管理科学又懂信息技术的专业化信息管理人员队伍。2002年,原国家劳动和社会保障部根据国家职业资格证书制度颁布了《企业信息管理师国家职业标准(试行)》。2003年9月21日,原劳动和社会保障部培训就业司、中国就业培训技术指导中心、原劳动和社会保障部职业技能鉴定中心联合下发文件《关于开展企业信息管理师职业资格培训和全国统一鉴定试点工作的通知》(劳社培就司函〔2003〕153号),标志着本职业资格培训和全国统一鉴定工作的正式启动。《企业信息管理师国家职业标准》的出台,标志着我国企业信息管理人员的职业培训和资格认证有了统一规范和科学依据,被纳入法制化和制度化的轨道,必将积极促进我国优秀CIO(chief information officer)人才大批涌现。

一、企业信息管理师简介

企业信息管理师国家职业资格认证是国家职业资格证书制度在企业信息化建设领域的具体运用,也是我国专门面向复合型CIO人才队伍培养的唯一一种国家考试,反映的是中国企业信息化建设从业人员知识和能力水平的国家职业标准。原国家劳动和社会保障部于2002年颁布《企业信息管理师国家职业标准(试行)》,随着时间的推移和我国信息化建设的不断深入,《企业信息管理师国家职业标准(试行)》中的部分内容已经不适应社会的需求。有鉴于此,原劳动和社会保障部组织众多信息化领域专家对标准进行了全面修订和完善,于2007年1月1日起正式施行《企业信息管理师国家职业标准(2007年修订)》(以下简称《标准》)。

《标准》将企业信息管理师定义为"从事企业信息化建设,并承担信息技术应用和信息系统开发、维护、管理以及信息资源开发利用工作的复合型人员"。该职业的基本特征有几点:一是从事的工作为企业的信息化建设,非一般的IT人员或技术人员所从事的工作;二是承担的任务是综合性的,既有通常的信息技术应用，即 IT 工作，也包括信息系统开发、维护、管理以及信息资源的开发利用；三是明确指出是复合型人才，即具备经营管理与信息技术相关知识和能力的复合型人才。

按照知识和技能水平的不同，该职业共设三个等级，分别为：助理企业信息管理师，相当于国家职业资格三级；企业信息管理师，相当于国家职业资格二级；高级企业信息管理师，相当于国家职业资格一级。根据《标准》规定，符合申报条件，经过正规培训且由人力资源和社会保障部统一鉴定合格者，可获得由中华人民共和国人力资源和社会保障部统一印制的"中华人民共和国职业资格证书"，该证书全国通用，并实行统一编号登记管理和网上查询。助理企业信息管理师颁发国家职业资格三级证书，企业信息管理师颁发国家职业资格二级证书，高级企业信息管理师颁发国家职业资格一级证书。

企业信息管理师职业的认证对象主要包括：① 高等院校信息管理与信息系统专业以及计算机科学与应用、电子商务、自动化、管理科学与工程、工商管理等相关专业的应届大学专科及以上学历毕业生；② 从事信息化建设的企（事）业单位的信息主管（CIO）或主管副总、信息中心主任、相关职能部门负责人，以及有关信息管理人员；③ IT 公司从事有关企业信息化建设的规划、实施和咨询服务的专业人员；④ 有志于企业信息化建设事业的社会其他人员。

本专业的学生，若希望在大中型企业从事信息管理工作，获得企业信息管理师职业资格认证具有一定帮助作用。本科在校学生可凭学校证明报考助理企业信息管理师，本专业应届本科毕业生可凭学历证书报考助理企业信息管理师，感兴趣的同学可登陆中国企业信息管理师网站（http://www.cio.cn）查询相关信息。

二、企业信息管理师的职业能力要求

《标准》中规定本职业的职业能力特征包括：具有较强的学习能力、信息处理能力、应变能力；善于判断和解决问题；善于沟通与协调，合作意识强；语言表达、逻辑思维能力强。具体说来，合格的企业信息管理师必须满足一定的职业道德要求，掌握一定的基础知识，并且满足不同级别企业信息管理师的工作要求。

（一）职业道德

本职业人员应掌握职业道德基本知识，同时遵守职业守则，即：遵纪守法，恪尽职守；团结合作，热情服务；严谨求实，精益求精；尊重知识，诚信为本；开拓创新，不断进取。

（二）基础知识

基础知识要求包括信息技术、企业管理和法律法规知识三部分。

信息技术知识包括计算机软硬件基础知识、计算机网络基础知识、数据管理基础知识、管理信息系统知识。

企业管理知识包括企业管理概论、财务会计基础知识、市场营销基础知识、人力资源管理基础知识、生产与运作管理基础知识。

法律法规知识包括经济法基本知识、知识产权法基本知识、WTO相关知识。

（三）工作要求

按照企业信息管理师的三个级别，《标准》分别从信息化管理、信息系统开发、信息网络构建、信息系统维护、信息系统运作、信息资源开发与利用等六大方面提出了程度不同的工作要求，对不同级别企业信息管理师的工作要求依次递进，高级别的要求涵盖低级别的要求。

对助理企业信息管理师的要求重在具体操作的工作方面，如：信息系统开发中系统需求调查、业务流程调查以及系统的实施，信息网络构建中综合布线、安装调试、网络服务管理以及网络系统的故障和安全管理，信息系统软硬件与数据维护以及文档管理、系统备份和恢复，信息需求调研与分析、信息采集等具体操作性和辅助性工作。该级别的企业信息管理师需要具备较多的信息技术知识。对该级别企业信息管理师的鉴定采用理论知识考试与专业技能考核相结合的方式，理论知识考试和专业技能考核均实行百分制，成绩均达60分及以上者合格。

高级企业信息管理师则需要具有战略性的头脑，在企业信息化建设过程中要能统揽全局，制定企业信息化战略规划，建立信息化评价体系，实现信息化组织管理，制定信息化标准规范；对信息系统开发、运作、信息网络构建以及信息资源开发利用等方面提出指导性意见，并能进行协调和组织领导等工作。该级别的企业信息管理师需具备较高的企业管理知识，有丰富的企业经营管理经验。该级别企业信息管理师的鉴定除进行理论知识考试和专业技能考核外，还须进行综合评审。

中级企业信息管理师是承上启下的中坚人物，他们的工作量最大，既要领导初级人员工作，又要提出符合高级人员战略思想的方案，并在信息化实施中承担相应的组织工作和技术工作。承担信息化工作的中级企业信息管理师人数也比较多，一般中小企业如果没有高级企业信息管理师，实际上就由中级企业信息管理师承担企业的信息化工作。该级别企业信息管理师的鉴定方式同高级企业信息管理师。

总的来说，合格的企业信息管理师必须是具备一定企业管理知识、信息技术知识并透彻地了解相关法律法规的复合型人才。企业信息管理师需要有从事企业经营管理的经验，对企业的发展战略、各部门之间的协调沟通有比较清醒的认识，同时也具备一定的信息技术知识，能够了解国际信息技术发展的潮流趋势，及时掌握最新信息管理系统的特点与功效，最重要的是职业人员能够将两类知识巧妙地融合，在本企业的管理与当前信息化发展中找到最佳结合点。

三、企业信息管理师的职业前景

企业信息管理师这一新职业的推出，备受社会各界尤其是广大 CIO 的瞩目，上百家新闻媒体和数千家网站对此做了多次专门报道全国企业信息化领导小组办公室和信息化知名机构接受邀请，组成了本职业全国统一鉴定工作的顾问单位。自 2003 年以来，已陆续在铁道部、国家烟草专卖局、国家安全生产监督管理局等行业系统以及各中央企业启动本职业培训工作，并多次举办企业信息管理师、高级企业信息管理师示范性资格认证培训班，来自全国各地大中型企业的 CIO 和高管人员参加了培训鉴定。目前，企业信息管理师职业资格培训在近 20 个省、直辖市已经开始全面招生。可以说，企业信息管理师国家职业资格认证业已被社会普遍认为是中国 CIO 人才培养的"主流渠道"。

CIO 最早诞生于美国，中文译为首席信息官、信息主管、信息总监、总信息师等，是负责制定公司信息政策、标准，并对全公司的信息资源进行管理控制的高级行政官员,其任务是负责组织机构的信息化工程,服务于组织机构的最高战略目标。CIO是随着信息资源管理浪潮的兴起而诞生的,原指政府管理部门中的首席信息官,随着企业信息化的发展,CIO在企业中应运而生,成为举足轻重的人物。CIO作为进入核心管理层的高级决策人员,主要负责组织的信息化工作,通过对包括设备、技术、人员、资金和信息本身在内的所有信息资源进行科学管理,促进业务流程的重组或调整,从而提高整个机构的管理决策水平。该职务在国外某些企业中的地位与其他高层管理人[如首席执行官(CEO)、首席财务官(CFO)]相当,但权力比CEO稍小,如美国企业的首席信息官相当于副总经理,直接对最高层决策者负责。

进入21世纪,我国开始了第三步战略目标的奋斗历程,党的十五届三中全会决议中提出"以信息化带动工业化"的战略方针,描绘了我国国家信息化宏伟蓝图,我国企业正处在信息化建设的黄金时代。同时,随着经济全球化和我国加入WTO,国内企业迎来前所未有的发展机遇和压力,这些企业不仅需要信息技术型人才,更需要信息化建设的复合型开发和管理人才。吴邦国同志(时任国务院副总理)在2001年年底召开的全国企业管理信息化现场工作会议上明确指出:"培养一大批既懂经营管理又懂信息技术的复合型信息管理人才队伍已是当务之急。"麦肯锡咨询公司和北京大学联合进行的"2012中国信息化领导力和CIO调研"项目调查结果显示:中国企业的IT部门正在努力摆脱传统意义上的后台支持角色;绝大多数IT投资仍主要着眼于提升企业的日常经营效率,只有很小一部分IT投资真正投入到了面向用户、能够创造商业价值的业务举措上,帮助中国企业在全球范围内更有效地参与竞争;随着国内外竞争的日益加剧,企业亟待业务转型,CIO的作用在这一转型过程中举足轻重,且企业要保持增长,要在全球胜出,没有CIO是不行的。由此可见,复合型信息管理人才是稀缺资源,直接决定着企业信息化建设的成败。而企业信息管理师国家职业资格认证的目的是在国家职业资格证书制度的规范下,高质量地创造这种资源。因此,对企业而言,企业信息管理师是"雪中送炭";对个人而言,企业信息管理师是"黄金职业"。

可以预期,企业信息管理师职业的建立必将极大地促进信息学科的发展,反过来促进人才的培养、凝聚和使用,从而极大地促进国民经济和社会信息化进程。

第四节　学历深造

工作还是继续深造？继续深造的话，是在国内读研还是出国深造？这无疑是很多大学毕业生所面临并为之感到困扰的问题。不可否认，在当今社会环境下，各种原因的驱使令越来越多的人加入考研大军的队伍，而本科毕业的大学生占到这其中的大多数。对于本科毕业的大学生而言，由于各大高校大范围扩招，本科毕业文凭在就业中已经不再具有优势，硕士研究生、博士研究生学历是高等教育学历的高级层次，大学生可通过研究生文凭来提升自己，从而寻找更好的工作。有关资料显示，当今社会"考研热"现象应该最初始于1995年，当年的考研报名人数增长率超过30%，至2005年已破百万，2011年突破150万，2012年和2013年则突破170万，自2015年以来，报名人数屡创新高，2019年达到290万，2020年达377万，再一次刷新了考研人数记录。作为国家信息化建设过程中新兴的学科专业，本专业亦有不少学生面临着"工作还是考研"这一难题，对本专业大学生来说，无论工作还是考研都应该是职业规划和人生规划的一部分，而不是简单的为了逃避压力、逃避就业，大学生应该找好自己的定位，从自己的实际情况出发，正确对待考研。对于已经规划好自己的人生，确定继续深造的大学生，本节给出国内外相关的高校和科研机构供参阅。

一、国内读研

本专业为中医药院校中的信息管理与信息系统专业，研究生隶属管理学大门类，研究生专业的一级学科名称为"图书情报与档案管理"，包含保密管理、出版发行学、档案学、竞争情报、情报学、商业分析、数据科学、数字人文、图书馆学、图书情报与档案管理、信息分析、信息资源管理等专业方向。应届本科毕业生除可报考与本专业相关方向的研究生外，还可报考管理学类其他学科（如管理科学与工程、工商管理、公共管理等专业）的研究生。本小节主要对具有"图书情报与档案管理"一级学科各专业方向硕士点的国内高校和科研机构进行统计,同时由于本专业兼具医药特色,分表 6-7 和表 6-8 列出具有"图书情报与档案管理"一级学科各专业方向硕士点的医药类和非医药类高校和科研机构。

表 6-7　具有"图书情报与档案管理"一级学科各专业方向硕士点的医药类高校和科研机构一览表

招生单位名称	所在地	"双一流"建设高校	图书情报与档案管理一级学科博士点	学科评估结果
北京协和医学院	北京市	一流学科	—	C
中国中医科学院	北京市	—	—	—
中国医科大学	辽宁省	—	—	—
新乡医学院	河南省	—	—	—

注:资料来源于① 中国研究生招生信息网硕士专业目录查询(https://yz.chsi.com.cn/zsml/queryAction.do);② 中国学位与研究生教育信息网(http://www.chinadegrees.cn/xwyyjsjyxx/xkpgjg/)。

表 6-8　具有"图书情报与档案管理"一级学科各专业方向硕士点的非医药类高校和科研机构一览表

招生单位名称	所在地	"双一流"建设高校	图书情报与档案管理一级学科博士点	学科评估结果
北京大学	北京市	一流高校	√	B+
中国人民大学	北京市	一流高校	√	A-
中国农业大学	北京市	一流高校	—	C-
北京师范大学	北京市	一流高校	—	C+
中国科学院大学	北京市	一流学科	√	—
中国科学技术信息研究所	北京市	—	—	—
中国航空工业总公司第六二八研究所	北京市	—	—	—

续表

招生单位名称	所在地	"双一流"建设高校	图书情报与档案管理一级学科博士点	学科评估结果
国防大学	北京市	—	√	B
军事科学院	北京市	—	—	—
南开大学	天津市	一流高校	√	B+
天津师范大学	天津市	—	—	C−
河北大学	河北省	—	√	C
山西大学	山西省	—	—	C−
山西财经大学	山西省	—	—	—
辽宁大学	辽宁省	一流学科	—	C−
辽宁师范大学	辽宁省	—	—	—
吉林大学	吉林省	一流高校	√	B
东北师范大学	吉林省	一流学科	—	—
黑龙江大学	黑龙江省	—	—	B
华东理工大学	上海市	一流学科	—	—
华东师范大学	上海市	一流高校	—	B−
上海大学	上海市	一流学科	—	B
上海社会科学院	上海市	—	—	—
南京大学	江苏省	一流高校	√	A+
苏州大学	江苏省	一流学科	—	C
东南大学	江苏省	一流高校	—	—
南京理工大学	江苏省	一流学科	—	C+
南京工业大学	江苏省	—	√	—
河海大学	江苏省	一流学科	—	—
江苏大学	江苏省	—	—	—
南京农业大学	江苏省	一流学科	—	B−
安徽大学	安徽省	一流学科	—	—

续表

招生单位名称	所在地	"双一流"建设高校	图书情报与档案管理一级学科博士点	学科评估结果
福建师范大学	福建省	—	—	C
南昌大学	江西省	一流学科	—	—
山东理工大学	山东省	—	—	—
曲阜师范大学	山东省	—	—	—
郑州大学	河南省	一流高校	—	B−
河南科技大学	河南省	—	—	—
郑州航空工业管理学院	河南省	—	—	—
武汉大学	湖北省	一流高校	✓	A+
华中师范大学	湖北省	一流学科	✓	B+
湖北大学	湖北省	—	—	—
湘潭大学	湖南省	—	✓	C+
中山大学	广东省	一流高校	✓	B+
华南师范大学	广东省	一流学科	—	—
广西民族大学	广西壮族自治区	—	—	—
西南大学	重庆市	一流学科	—	—
四川大学	四川省	一流高校	—	C+
云南大学	云南省	一流高校	—	B
西北大学	陕西省	一流学科	—	—
西安电子科技大学	陕西省	一流学科	—	—

以上所列高等院校和科研机构,先按省级行政区集中,再按学校代码排列,同时列出"双一流"建设高校类型、是否有博士点以及2016年教育部第四轮学科评估中"图书情报与档案管理"一级学科评估结果,评估结果按"分档"方式呈现,具体方法是按"学科整体水平得分"的位次百分位,将前70%的学科分9档公布:前2%(或前2名)为A+,2%～5%为A(不含2%,下

同),5%～10%为A-,10%～20%为B+,20%～30%为B,30%～40%为B-,40%～50%为C+,50%～60%为C,60%～70%为C-。

2015年8月18日,中央全面深化改革领导小组会议审议通过《统筹推进世界一流大学和一流学科建设总体方案》;10月24日,国务院印发《统筹推进世界一流大学和一流学科建设总体方案》,对新时期高等教育重点建设做出新部署,将"211工程""985工程"及"优势学科创新平台"等重点建设项目统一纳入世界一流大学和一流学科建设,决定统筹推进建设世界一流大学和一流学科;2017年1月24日,经国务院同意,教育部、财政部、国家发展和和改革委员会联合印发《统筹推进世界一流大学和一流学科建设实施办法(暂行)》;9月21日,教育部、财政部、国家发展改革委联合发布《关于公布世界一流大学和一流学科建设高校及建设学科名单的通知》,世界一流大学和一流学科建设高校及建设学科名单正式公布,首批认定世界一流建设高校42所(A类36所,B类6所)、世界一流学科建设高校95所。

"学科评估等级"为教育部学位与研究生教育发展中心于2016年组织开展的第四轮学科评估的评估结果,该次评估是按照国务院学位委员会和教育部颁布的《学位授予和人才培养学科目录》的学科划分,对全国具有博士或硕士学位授予权的一级学科开展整体水平评估。按照"自愿申请、免费参评"原则,采用"客观评价与主观评价相结合"的方式进行。评估体系在前三轮的基础上进行诸多创新,评估数据以"公共数据和单位填报相结合"的方式获取。图书情报与档案管理一级学科的参评对象包括博士学位授权高校和硕士学位授权高校39所参评高校的学科整体水平接受了评估。评估结果有助于学生了解相关高校和科研机构的学科建设状况,为学生选报学科、专业提供参考。

"双一流"建设高校均为国家重点建设高校,学校的办学条件较好,在人才培养、科学研究、社会服务能力上居于前列,适应地区和行业发展,总体处于全国领先水平。有"图书情报与档案管理"一级学科博士授予权的高校和研究机构在本学科领域的科学研究水平较高,有利于学生在该领域进一步深造。教育部学科评估是对具有研究生培养和学位授予资格的高校和科研机构整体水平的评估,其结果也可以为学生选报学校提供参考。

为便于本专业应届本科毕业生选报研究生,对某校本专业历届毕业生考取研究生情况进行统计,如表 6-9 所示。2009 届 2 人考取非医药类高校(分别为武汉科技大学和中国民航大学)研究生;2010 届 2 人考取本校研究生,另 3 人分别考取河海大学、南京师范大学和厦门大学研究生;2011 届 2 人考取本校研究生,另 2 人分别考取东南大学和南京农业大学研究生;2012 届 1 人考取本校研究生,1 人考取江苏大学研究生,3 人考取南京大学研究生;2013 届 1 人考取本校研究生,1 人考取东南大学苏州联合研究生院研究生,1 人考取五邑大学研究生,1 人考取南京理工大学研究生,2 人考取南京大学研究生;2014 届 1 人考取本校研究生,2 人分别考取浙江师范大学和南京林业大学研究生;2015 年 1 人考取南京农业大学研究生,2 人分别考取中央民族大学和北京交通大学研究生;2016 年 2 人考取本校研究生,2 人考取南京农业大学研究生,1 人考取上海大学研究生;2017 年 1 人考取本校研究生,2 人考取南京农业大学研究生,另外 6 人分别考取上海大学、东南大学、华东师范大学、江西中医药大学、重庆理工大学、华中师范大学研究生;2018 年 4 人考取南京农业大学研究生,另外 4 人分别考取南京理工大学、南京邮电大学、浙江理工大学、上海大学研究生;2019 年 2 人考取本校研究生,2 人考取南京农业大学研究生,2 人考取中国中医科学院研究生,另 2 人分别考取安徽大学、南京师范大学研究生;2020 年 1 人考取南京中医药大学研究生,4 人考取南京农业大学研究生,3 人考取河海大学研究生,2 人考取上海大学研究生,2 人考取中国科学技术信息研究所研究生,另外 2 人分别考取南京理工大学和广东药科大学研究生。

从历届学生考取国内研究生数据可以看出,大部分学生选择报考本校或有"图书情报与档案管理"一级学科各专业方向硕士点的高校研究生,同时亦有部分学生报考管理学大类相关专业或自己感兴趣专业的研究生。选择继续深造的高校或科研机构最主要的是要结合自己的专业兴趣,热爱自己所选专业,对自己的人生有一个合理的规划。本专业应届本科毕业生考研择校时不仅可以参考历届毕业生考取研究生的情况,同时也要放宽眼界,综合考虑其他高校和研究机构的整体水平,选择合适的单位报考。

表 6-9 某校本专业 2008—2020 届考取国内研究生情况

届别	2008 届	2009 届	2010 届	2011 届	2012 届	2013 届	2014 届
医药类高校	0	0	2(本校)	2(本校)	1(本校)	1(本校)	1(本校)
非医药类高校	0	2	3	2	4	5	2
合计	0	2	5	4	5	6	3

届别	2015 届	2016 届	2017 届	2018 届	2019 届	2020 届
医药类高校	0	2(本校)	2(1个本校)	0	4(2个本校)	2(1个本校)
非医药类高校	3	3	7	8	4	12
合计	3	5	9	8	8	14

注:(1) 资料来源于南京中医药大学就业指导中心统计数据;(2) 统计数据为医药大学信息管理与信息系统专业学生,不含翰林学院信息管理与信息系统专业学生。

二、出国深造

信息管理与信息系统专业在国内对应的研究生专业一级学科名称为"图书馆、情报与文献学",在美国的相应学科为 library and information science(图书馆学与情报学),在英国的相应学科为 library and information management(图书馆与信息管理学)。国外图书情报学自诞生至今(注:国内外该学科的名称多有不同,如国内称为图书馆学与情报学、图书馆学情报学、图情学、LIS(library and information sciences)等,国外称为 library and information science、library and information studies 等,为简便起见,下文统称为图书情报学),发生了翻天覆地的变化。进入 21 世纪,全球逐步进入知识经济时代,为顺应时代发展,美国 7 所著名的图书情报院系的院长于 2003 年共同提出"信息学院运动"(information schools movement,简称 iSchool 运动)。该运动的目的在于形成一个学科联盟,拓宽图书情报学的研究领域,发现和探索一些新的研究领域,促进自身的变革和获得卓越的发展前景,并于 2005 年正式通过章程,宣告国际 iSchool 联盟成立。iSchools 的创始成员院系并非均为传统的图书情报学院系,有的是图书馆学学院,有的是计算机学学院,有的与通信院系合并,有的与管理学院系融合。各成员院系都通过不断的改革调整,最大化地利用国际资源,提高自身的实力。截至2021年,该联盟已有学院成员123个,其中:亚太地区35所(名单详见https://ischools.org/Asia-Pacific-Directory),覆盖中国、澳大利亚、菲律宾、韩国、马来西亚、日本、泰国、新西兰等国家;欧洲地区34所(名单详见https://ischools.org/European-Directory),覆盖克罗地亚、捷克、丹麦、芬兰、法国、德国、爱尔兰、挪威、葡萄牙、西班牙、瑞典、瑞士、土耳其、乌干达、英国等国家;北美地区54所(名单详见https://ischools.org/North-American-Directory[2021-5-3]),覆盖美国、加拿大、巴西、哥伦比亚等国家。iSchool 以开设网站(https://ischools.org)、举办年会的形式促进跨学科的信息获取与共享,已在世界图书情报学领域产生了广泛的影响。

本专业 2008 届至 2013 届已毕业学生中,2009 届 1 人、2011 届 2 人出国深造(具体去向不详);2012 届 2 人就读学校分别为英国拉夫堡大学(Loughborough University)和瑞士苏黎世大学(University of Zurich);2013 届 1 人就读学校为美国得克萨斯大学达拉斯分校(The University of Texas at Dallas);2018 届 1 人就读英国华威大学;2019 年 2 就读于英国利兹大学,1 名学生就读于英国纽卡斯尔大学;2020 届 1 人就读于英国南安普顿大学。本专业应届本科毕业生在选择国外高校继续深造时,一定要对所选高校及其专业有详细的了解,切莫盲目选择一些"野鸡大学"。本英国节所列高校以及往届学生所选高校均可供参考。另外,对于想申请美国高校硕士研究生的学生来说,择校时也可参考美国图书馆协会(American Library Association,ALA)对 LIS 研究生院的认证(http://www.ala.org/accreditedprograms/directory)以及美国新闻与世界报道(U. S. News & World Report,简称 U. S. News)对 LIS 研究生院的排名(https://www.usnews.com/best-graduate-schools/top-library-information-science-programs)。

ALA 是美国教育部批准的唯一图书情报学学位认证机构,自 1924—1925 年度起开始对美国和加拿大具有图书馆学和情报学硕士学位授予权的教育机构进行认证,1988—1989 年度起增加了波多黎各地区的相应教育机构,认证的目的在于促进图书情报学硕士生教育整体水平的提升。ALA 仅对以上国家及地区中拥有硕士学位的院系进行认证,所认证的院系授予的学位名称不仅限于图书情报学硕士(MLIS),还包括情报学硕士、信息硕士、文学硕士等等。认证结果并不对院系进行排名和比较,而是按照院系所在州或省的字母顺序给出《可授予图书情报学硕士学位的院校目录》。

U.S.News 于 1987 年推出研究生教育排行榜,每年对美国研究生院按专业进行排名,旨在对学科科研和教学整体水平进行评价,直观展示学校专业实力。U.S.News 每年对图书情报学学科及其具体专业学位点进行排名,考核对象为美国图书馆协会认可的图书情报学学院。它根据同行所给出的评定等级对各专业院校进行排名,并给出图书情报学下各专业学位点得分最高的 10 所院校排名。

第七章 信息管理与信息系统专业学习辅导

第一节 专业名人[①]

一、陈传夫

陈传夫,男,1962年生。武汉大学图书馆学硕士,法学博士。教育部"长江学者奖励计划"特聘教授,武汉大学信息管理学院教授。2001年担任博士生导师。主要专业方向:信息资源管理;图书馆发展理论;知识产权。指导研究生获得全国优秀博士论文提名奖2篇。

长期从事图书馆学、信息资源管理与知识产权等领域的研究工作。出版著作多部,在国内外期刊、会议发表学术论文百余篇,主持国家社会科学基金重大项目、国家自然科学基金项目等20余项。研究成果编入《成果要报》报党和国家领导人参阅,相关成果在国家科技图书文献中心(NSTL)等工程中得到采纳应用。研究成果曾获教育部高等学校科学研究优秀成果奖一等奖、教育部推荐国家科技进步奖二等奖、湖北省科技进

---

① 本节名人按姓名字母顺序排列,排名不分先后。

步二等奖等奖励。

二、陈国青

陈国青,清华大学经济管理学院讲席教授;清华大学学术委员会副主任。1982年获中国人民大学学士学位;1988年获比利时鲁汶大学硕士学位;1992年获比利时鲁汶大学博士学位。2005年度受聘教育部"长江学者奖励计划"特聘教授;2007年度获复旦管理学杰出贡献奖;2009年度获国际模糊系统学会"IFSA Fellow";2019年度获国际信息系统学会AIS Fellow。

陈国青教授主要研究与教学领域为商务智能与大数据、电子商务与决策支持、IT战略与管理、模糊逻辑与数据模型等。在国内外发表大量学术论著,主持国家自然科学基金委重大项目(新兴电子商务以及大数据领域)、国家杰出青年科学基金项目(商务智能领域)等多个国家级科研项目,以及多个国际合作、企业信息战略和管理项目。出版《管理信息系统——原理、方法与应用》(高等教育出版社)、《商务智能原理与方法》(电子工业出版社)等多部国家级规划教材;主讲本科生、研究生以及高层管理培训课程,包括《管理信息系统》(国家级精品课程)、《高级信息系统》、《大数据时代的管理》、《数据模型与决策》、《移动互联背景下的管理挑战与深度商务分析》等;全国百篇优秀博士论文指导教师。

三、蔡淑琴

蔡淑琴,女,华中科技大学教授、博士生导师、自动控制学士,管理科学与工程硕士博士。企业智能商务工程研究所所长。主要研究领域为网络营销与电子商务、企业运作与管理信息化咨询、企业信息资源规划、企业信息系统规划、分析与设计、电子商务开发。担任中国物流技术协会常务理事、湖北省汽车行业协会市场营销专业委员会秘书长、武汉市制造业信息化专家组成员、上市公司广西柳工机械股份有限公司的管理信息化顾问、国家自然科学基金委员会管理学科部同行评议专家。获2006年度宝钢优秀教师奖,获省部级科学技术进步奖4项,获2002年华中科技大学研究生院的优秀研究生指导教师奖。主持、参与国家自然科学基金、国家教委博士研究基金等国家级项目9项；开发多种类型企业的管理信息系统、辅助决策系统、Intranet等20余个（所开发的系统在企业产生了巨大的效益）；主编、参编专著或教材7本；在核心期刊、重要期刊、国际会议发表学术论文70余篇；作为主编，编著了全国第一本《物流信息系统》教材；华中科技大学/湖北省"管理信息系统分析与设计"精品课程负责人。

四、胡祥培

胡祥培，男，1962年出生于安徽省黄山东麓的绩溪县，1983年获哈尔滨工业大学管理工程专业学士学位，1987年获哈尔滨工业大学系统工程专业硕士学位，1996年4月获哈尔滨工业大学管理工程专业工学博士学位。自1983年本科毕业以来，先后分别在哈尔滨工业大学和大连理工大学从事运筹学、知识工程、电子商务的教学科研工作，曾多次获得哈尔滨工业大学优秀教师、哈尔滨工业大学中青年学术带头人、获教育部骨干教师资助计划资助，2001年入选辽宁省"百千万人才工程"百人层次，2006年入选国家新世纪"百千万人才工程"国家级人选，2007年获得国家杰出青年基金资助。曾获国家教委优秀教材二等奖并多次获省科技进步奖和省自然科学论文奖。主要研究方向是电子商务与物流管理、智能运筹学与动态系统实时优化控制、信息系统集成，近年来主持完成30多项科研课题，发表论文120余篇，被SCI、EI、ISTP收录50多篇。

五、黄梯云

黄梯云(1932—2016)，男，教授。安徽休宁人。1953年毕业于大连工学院机械系。1956年毕业于哈尔滨工业大学研究生班。历任哈尔滨工业大学讲师、副教授、教授，中国工业科技管理大连培训中心管理信息系统教学组组长，国务院学位委员会第二届学科评议组成员。并兼职担任全国博士后管理委员会专家组成员、《管理工程学报》常务编委、中国管理科学研究院特约研究员，以及黑龙江省学位委员会委员兼管理学科组长。并于1984年获航天工业部劳动模范称号。研究方向为管理信息系统、决策支持系统和电子商务。长期致力于管理信息系统及工业技术经济的教学与研究工作，曾主持完成电子计算机编制优化生产计划系统、微型机编制生产作业计划系统及综合管理信息系统的研究工作。编著有《企业管理信息系统》《管理信息系统导论》等。共主持完成中国长江三峡总公司设备管理与供方信息系统、大庆测井公司决策支持系统等 20 余项科研项目。出版专著和教材 16 种,发表学术论文 200 余篇,获省、部级科技进步奖 10 项,省优秀教学成果奖 1 项,国家教委优秀教材奖 3 项。

六、刘杰

刘杰,男,1963 年 9 月生。同济大学工业自动化学士和硕士、管理科学与工程博士,复旦大学管理学院教授、博士生导师。1995 年至 1997 年在复旦大学从事管理学博士后研究工作。2001 年在全国留学基金的资助下作为高级访问学者前往法国从事研究工作。担任国际信息系统学会中国分会理事、中国系统工程学会青年工作委员会委员、上海市系统工程学会理事、上海市科技启明星联谊会理事、上海市科普讲师团成员、宁波市政府和上海市闵行区政府机构信息化顾问等。长期从事企业管理与信息系统研究与实务,主要领域集中在管理信息系统(MIS)、决策支持系统(DSS)、电子商务(EC)和虚拟组织(VO)等方面。已发表六十多篇论文。

七、马费成

马费成,男,1947 年 8 月出生。武汉大学人文社会科学资深教授、国家教学名师、博士生导师,曾任武汉大学信息管理学院院长、教育部人文社会科学重点基地武汉大学信息资源研究中心主任。1975 年开始从事科技情报研究工作。1983 年武汉大学科技情报专业研究生毕业即留校任教至今,1988 年晋升为副教授,1990 年破格晋升为教授。1990 年至 1991 年在德国国家信息中心从事合作研究工作,同时到英国、法国、瑞士、荷兰、比利时等国十多所著名大学访问讲学,期间访问了联合国教科文组织世界科技情报系统,就世界综合情报发展计划与该系统总干事进行了会谈,提出了许多富有建设性的意见和建议并被采纳。1994 年至 1995 年及 2004 年在美国多所著名大学访问讲学并从事合作研究工作,被这些大学聘为客座教授或研究员。近 30 年来,出版专著和教材 10 余部,在国内外重要期刊上发表论文 200 多篇,承担国家自然科学家国际合作重点项目、教育部哲学社会科学重大攻关项目等各级各类科研项目 20 余项,获得各类奖励 20 余项。

八、沈固朝

沈固朝,男,1986 年纽约州立大学布法罗图书馆学情报学研究生院毕业,获图书馆学硕士学位;1997 年南京大学历史系毕业,获史学博士学位。南京大学信息管理系情报学教授、博士生导师,曾任系主任。兼任中国科技情报学会第六届理事会常务理事,江苏省图书馆学会第五届理事会副理事长、继续教育委员会主任,武汉大学信息资源研究中心兼职研究员。主要研究领域为信息检索和服务、信息咨询与用户研究、经济信息和竞争情报。著、编、译(包括参著、参编)书 10 余种、文章 40 余篇,单独承担、主持或主要参加科研项目(不含校级项目)10 个,4 项属省部级项目。获奖 6 项,指导硕士研究生 10 余人、博士研究生 6 人。主持 CI 工作室,为企业提供竞争情报服务。出版教材《市场信息的搜集与利用》(南京大学出版社 2000 年出版)、《信息检索(多媒体)教程》(高等教育出版社 2002 年出版)、《网络信息检索》(高等教育出版社 2004 年出版)。

九、苏新宁

苏新宁,男,教授。1955 年 1 月生,理学硕士,教育部"长江学者奖励计划"特聘教授,南京大学信息管理系首席学科带头人,情报学教授,博士生导师,江苏省数据工程与知识服务重点实验室学术委员会主任,全国哲学社会科学规划项目评审专家,江苏省社科规划项目评审专家。兼任江苏省科技期刊学会副理事长,江苏省科技情报学会副理事长,中国人民大学、中南大学、南京农业大学、南京航天航空大学等高校兼职教授,担任《情报学报》《情报科学》《现代图书情报技术》以及 *Journal of Data and Information Science* 等 10 余种学术期刊的编委,成功设计并研制了我国第一部社会科学引文索引——《中文社会科学引文索引》(CSSCI)。主要研究领域:信息智能处理与检索;数据分析与科学评价。主持和承担了国家、省部级项目 40 余项,其中包括国家重大项目、国家863等多项,出版著作20余部,学术论文200余篇,获得过国家省部级科研成果奖近10项,曾获得江苏省优秀研究生导师称号。主要教授课程有:Internet实用技术、信息资源管理技术基础、文献计量与科学评价等。

十、孙建军

孙建军,男,教授。1962年生,教育部"长江学者奖励计划"特聘教授。研究方向为信息资源管理与网络计量、信息评价等。目前兼任中国社会科学情报学会副理事长,江苏省图书馆学会副理事长,中国信息系统学会常务理事,中国科学技术情报学会常务理事,《智库理论与实践》《中国科技资源导刊》副主编,《情报学报》《图书情报工作》等多家杂志社编委。在全国核心期刊上发表专业文章150余篇,独著、参著、编、译书10多本。已主持纵向、横向科研项目30多项,目前正主持的项目是国家重大招标项目《面向学科领域的网络信息资源深度聚合与服务研究》(项目编号:12&ZD221)、国家自然科学基金项目《融合范式视角下的链接分析理论集成框架及其实证研究》(项目编号:No.71273125)。2013年获得教育部第六届高等学校科学研究优秀成果二等奖、2015年获得教育部第七届高等学校科学研究优秀成果三等奖、2014年获得全国优秀科技工作者和江苏省有突出贡献的中青年专家。

十一、薛华成

薛华成,男,教授。1935年08月生,1980—1985年在清华大学领导创建管理信息系统本科生和硕士生专业,任专业教研室主任。1986—1987年在美国奥本大学做访问副教授。1987—1999年在复旦大学任管理科学系教授、博士生导师、系主任。2000—2005年在澳门科技大学领导创建行政与管理学院,任教授,历任副院长、代院长、院长和名誉院长。早年从事自动化方面的研究工作。如发电机自同期、离子励磁装置、NC系统、煤气管网计算机遥控系统等。研究领域主要为管理信息系统,自动控制。80年代开始率领创办我国第一个管理信息系统(MIS)专业,现为MIS硕士点学科带头人、博士生导师。从事MIS开发、管理和决策支持系统研究,完成国家自然科学基金、863 基金支持的项目 6 项。发表论文(著)40 余篇。完成培养硕士生逾 50 人,指导博士生 7 人。曾主持完成国家教育信息系统规划、中日友好医院信息系统规划、"211 工程"重点学科建设 GDSS 实验室项目等重大项目;完成国家自然科学基金、"863"基金、教委博士点基金等项目 10 余项;发表论文 50 余篇,出版著作 10 余部。曾任教育部管理工程类教学指导委员会委员、"863"CIMS 管理与决策支持系统专家组专家、中国管理科学学会管理信息专业委员会主任委员,是信息系统国际会议(ICIS)的中国联络员。

十二、朱庆华

朱庆华,男,出生于 1963 年 10 月,教授,教育部"长江学者奖励计划"特聘教授、国务院学位委员会图书情报与档案管理学科评议组成员、南京大学信息管理学院情报学专业博士生导师,研究方向为社会化媒体、用户信息行为和健康信息学。兼任中国社科情报学会常务理事、中国信息经济学会常务理事、中国科技情报学会理事、信息系统协会中国分会(CNAIS)理事,*Aslib Journal of Information Management*(SCI 源刊)、*Data and Information Management*(DIM)、《信息资源管理学报》、《情报科学》、《情报杂志》、《情报资料工作》等杂志编委,曾任第六、七届国务院学位委员会图书情报与档案管理学科评议组成员。曾赴日本庆应大学、筑波大学留学进修;曾为台湾东吴大学客座教授,加拿大萨斯喀彻温大学、新加坡南洋理工大学、香港大学访问教授。2007 年 3 月入选教育部"新世纪优秀人才支持计划",2018 年 5 月入选国家级人才计划。研究领域为用户信息行为、社会化媒体、健康信息学,在国内外专业核心期刊上发表论文 200 余篇,出版著作 10 余部。主持国家社会科学基金项目(含重大项目、重点项目、一般项目)、国家自然科学基金面上项目、省部级以及国际合作科研项目 10 多项。2005 年 12 月获江苏省科技进步三等奖,2014 年 10 月获江苏省哲学社会科学优秀成果一等奖,2015 年 11 月获教育部人文社科优秀成果三等奖,2020 年 11 月获江苏省哲学社会科学优秀成果二等奖。

第二节 专业名著

一、《管理信息系统》(第 7 版)

黄梯云、李一军主编,高等教育出版社 2019 年 8 月出版。

本书是普通高等教育"十二五"规划教材,是在教育部"面向 21 世纪课程教材"《管理信息系统(第六版)》的基础上修订而成的。全书共分十八章,在介绍信息系统和管理、管理信息系统概论、管理信息系统技术基础的基础上,系统地阐述了 Web 开发的基本技术、结构化系统开发、面向对象开发、电子商务、电子政务、供应链管理及其信息系统等内容。与前一版相比,本书新增加了商务智能、电子健康、项目管理、智能决策支持系统、数据挖掘和计算机软硬件基础等章节,并根据管理信息系统的发展对原有各章做了修改和补充。

本书配有《管理信息系统(第七版)教学演示软件》,内容包括供应链等多个管理应用软件演示系统以及概念测试题等。与本书配套出版的还有《管理信息系统习题集》《管理信息系统(第七版)案例集》《管理信息系统问题与详解》和管理信息系统(第七版)教师用教学课件和教师用资料等。本书还配有上网学习卡,为广大教师和学生提供课程答疑和教学服务。本书可作为高等学校管理学各专业的教材,也可作为企事业单位的管理人员及计算机应用软件开发人员的参考用书。

二、《信息管理学基础》(第 3 版)

马费成、宋恩梅、赵一鸣编著,武汉大学出版社 2018 年 8 月出版。

本书从人类社会信息过程出发考察信息管理活动,重点介绍信息和信息管理的内容及特征、信息的交流传递、信息分布、信息获取、信息组织、信息检索、信息系统、信息服务、信息机构及其管理、信息政策与信息法律等内容,同时结合网络及数字环境,讨论信息管理具体领导在网络环境中的应用,以及所出现的新发展和新动向。

三、《管理信息系统原理与应用》(第 2 版)

李少颖、陈群主编,清华大学出版社 2020 年 9 月出版。

本书在吸收国内外已有研究成果的基础上,以信息系统对组织管理的影响为主线,从管理和技术的角度系统地阐述了管理信息系统的理论、技术和方法,重点介绍了管理信息系统的原理和应用。在介绍原理时,从管理信息系统的理论基础和技术基础展开,介绍了管理信息系统的概念、特点、结构、技术基础等基本知识。在描述应用时,吸收了较多国外教材的内容,介绍了管理信息系统在企业中的典型应用,如企业资源计划、供应链管理、电子商务等。此外,根据国内管理信息系统的传统内容,介绍了管理信息系统的开发方法,包括规划、分析、设计和实施管理。本书布局合理、结构清晰、可读性强、易教易学,可作为高等院校本科生经济与管理类相关专业以及信息管理、电子商务、计算机应用等专业的教材,也可作为各类技术人员、管理人员以及相关专业人士的参考用书。

四、《管理决策分析》(第 3 版)

赵新泉主编,科学出版社 2014 年 6 月出版。

管理决策分析是信息管理与信息系统专业的必修课程,是一门年轻的学科,始于 20 世纪 40 年代的统计决策理论。随着该学科研究程度的逐步深入和应用范围的日益扩大,已经从单目标决策发展到多目标决策,从单阶段决策发展到序贯决策,从个人决策发展到群决策等,形成了一个十分活跃和广阔的研究领域。本书获"'十二五'普通高等教育本科国家级规划教材"立项。本书是在第二版的基础上修改、补充完成的,主要介绍管理决策分析中常用的数学模型和方法。本书以实用决策分析为主线,由随机决策、多目标决策和模糊灰色决策三个知识板块组成,并突出多目标决策方法。全书由决策分析概论、确定型决策分析、效用函数、风险型决策分析、贝叶斯决策分析、多目标决策分析、多属性决策分析、序贯决策分析、模糊决策分析和灰色决策方法等 9 章组成,结构合理,层次清晰,是信息管理与信息系统学生及相关工作人员的教材或参考著作。

五、《信息管理与信息系统概论》(第 4 版)

杨波、陈禹、王明明编著,中国人民大学出版社 2019 年 1 月出版。

本书是信息管理与信息系统专业的入门教材,主要目的是通过简明、准确、具体、形象的介绍,使刚刚进入这个专业的学生能够较快地了解这个专业对社会的重要意义,以及它的研究内容、特点和要求。首先,从宏观上介绍了信息化建设的大趋势,"自顶向下"地说明这个专业对于社会主义建设的重要作用和意义,建立学习该专业的自豪感。然后,从信息技术、管理科学、系统科学三个方面介绍了该学科的知识基础。在此基础上,对信息管理、信息资源、信息系统以及信息系统中的非技术因素等基本概念进行初步的、基于感性知识的介绍后,落实到学生知识和能力的要求和培养上。

六、《信息资源管理》(第 2 版)

马费成、赖茂生主编,高等教育出版社 2014 年 6 月出版。

主要内容包括信息资源管理的历史沿革、国内外研究现状及发展,信息资源管理的目标与任务,信息资源的类型、采集、组织、检索及开发利用,信息系统管理,企业信息资源管理,政府信息资源管理,知识管理,信息资源优化配置,信息政策与法规,信息资源的质量评估,信息资源规划等。本书可作为高等学校信息管理与信息系统专业本科生教材,也可供信息管理与信息系统专业及相关专业的研究生和广大信息工作者阅读参考。

七、《信息检索(多媒体)教程》(第 3 版)

沈固朝、储荷婷、华薇娜主编,高等教育出版社 2015 年 3 月出版。

本书分为十章。前三章介绍信息源、信息检索的基本知识及包括网络信息检索在内的综合性检索工具;从第四章起分学科介绍专类检索工具,其中第四章至第六章为人文及社会科学类检索工具,第七章至第十章为科技类检索工具。该新版本在保留第一版和第二版基本特点的基础上,删除了已经停用的印刷版工具,更新了已经变化的链接和产品,增加了少量非英语类检索工具,以便读者更多地了解世界上其他主要语种的信息资源及其检索工具。本书既可作为本科生教材,又可作为工具书,因而既适合于图书情报类专业教学和信息素养教育,也可供广大信息服务从业人员参考。

八、《信息分析:基础、方法及应用》

朱庆华主编,科学出版社2021年1月出版。

本书系统地论述了信息分析的基本概念、原理、方法和具体应用。书中基础篇阐述了信息分析的基本概念、理论、流程和方法体系;方法篇着重对信息分析常用的定性分析方法和定量分析方法进行了系统介绍,包括预测方法和决策方法;应用篇针对专利信息分析、市场信息分析和竞争情报分析这三个具有代表性的领域,论述了信息分析方法的具体应用;附录中提供了数据处理的基本知识、常用统计软件及常用定量分析方法的计算机程序。

九、《信息经济学:如何对信息资产进行定价、管理与度量》

[美]道格拉斯·B.莱尼著,英雪会、扈喜林、朱琼敏译,上海交通大学出版社2020年3月出版。

本书研究了信息的经济意义,力求将经济和资产管理的原则和做法应用于信息资产的定价、管理和度量。本书在全面阐释信息经济学的同时,解决了以下问题:CEO和信息领导者如何更充分地将信息作为企业资产,CIO如何提高信息的流动性和访问性,首席财务官如何帮助企业衡量信息资产的实际和潜在价值。

十、《信息计量学概论》

邱均平主编,武汉大学出版社2019年8月出版。

本书共11章,主要内容可概括为理论、方法和应用三个部分:一是关于信息计量学的理论问题研究,包括第1~6章、第10章中的部分内容;二是信息计量学的方法体系研究,包括第7~8章的内容;三是信息计量学的应用,主要在第9、10章中集中论述,同时前面的有些章节也论及了各定律的应用问题,对于那些理论较为深奥、数学推导较多的章节予以删减,第 11 章简要介绍了网络计量学及其应用,以体现信息计量学的新发展。在各章末增加了复习思考题,以满足教学的需要。在撰著过程中,编者试图从理论、方法、应用三个角度全方位地构建信息计量学的学科体系,注重理论与实践相结合、继承与创新相结合,兼顾传统的统计工具与新兴的信息技术方法,力求使全书的思路清晰、结构合理、论述全面、内容丰富、观点新颖、资料翔实,既反映和吸收国内外"五计学"的新进展,又融入自己的研究成果,使之具有较强的科学性、创新性、系统性和实用性。本书既适合高等院校的信息管理与信息系统、管理学、信息资源管理、电子商务、情报学、图书馆学、档案学、出版发行学、科学学与科技管理、科学评价与预测等专业作为教材使用,也可供广大信息工作者、知识工作者、科研人员、评价人员和管理人员学习参考。

十一、《信息组织》(第 2 版)

叶继元主编,电子工业出版社 2015 年 3 月出版。

本书系统讲述了信息组织的基本知识、经典理论,详细介绍了信息的描述、著录、标引和排序等方法,注重引入与信息组织有关的新研究成果,如信息构建理论、本体论、搜索引擎、本体描述语言、SKOS 描述语言、学科信息门户等。本书分为 9 章,内容包括:信息组织概述、信息组织的理论与方法基础、信息描述语言、信息著录法、信息标引法、信息排检法、信息组织成果与工具、语义网环境下的信息组织、不同环境下的信息组织评价。每章正文之前有内容提要和本章重点,在每章后都附有本章小结和一定数量的讨论题,以满足教学和自学的需要。本书具有定位明确、结构新颖合理、注重经典内容和社会实践等特点,可以作为高等院校信息管理与信息系统专业、图书馆学、情报学、档案学、编辑出版、博物馆学及相关信息专业的教材,也可以作为信息管理部门、图书情报界、各类与信息组织有关的机构或部门、专业工作者的参考书,还可以作为对信息组织感兴趣的读者的自学读物。

十二、《信息时代的管理信息系统》(原书第 9 版)

[美]斯蒂芬·哈格、[美]梅芙·卡明斯著,颜志军、贾琳、尹秋菊、高慧颖译,机械工业出版社 2016 年 11 月出版。

作者斯蒂芬·哈格是美国丹佛人,丹尼尔斯商学院主管研究生的副院长和 MBA 主任。在此之前,曾任信息技术与电子商务系的系主任,以及信息技术科学的研究生主任。是西得克萨斯州立大学的工商管理学学士和工商管理硕士、阿林顿的得克萨斯大学博士。哈格教授是许多书的合著者。如《信息技术:当今的未来优势》《财务卓越》《商务驱动技术》等。他还曾在很多杂志(如 ACM 的《通信》、《社会经济规划科学》、《系统科学国际刊物》、《管理与决策经济》等)上发表了大量文章。本书包括 9 章和 13 个扩展学习模块。其中 9 章核心内容涵盖了众多商业和管理主题,从战略性和竞争性的技术机会,到使用数据库和数据仓库对信息进行组织与管理;13 个扩展学习模块提供了当今信息技术领域的技术概览,内容从建立网站,到计算机犯罪和数字取证,以及如何使用微软 Access 数据库。流畅的文字、生动的讲解、翔实的案例和透彻的分析,将读者带入一个变幻莫测的信息世界。

十三、《大数据分析与挖掘》

朱晓峰主编,机械工业出版社 2019 年 3 月出版。

本书分为理论篇、工具篇和实训篇。理论篇主要介绍数据挖掘的基础知识、基本任务和常用方法,侧重培养学生对于数据挖掘基本概念等理论知识的正确理解;工具篇主要介绍 PMT 这一数据挖掘工具,通过功能简介、分类预测认知实验等内容,侧重培养学生对于数据挖掘基本操作的准确认知;实训篇主要介绍了 7 个来自实际企业需求的大数据挖掘案例,侧重培养学生对于数据挖掘解决实际问题的应用。本书结构严密、内容较新,叙述清晰,强调实践,可作为各类职业院校大数据类课程的教材,也可作为企业大数据分析的培训教材,还可作为企事业单位企业管理、电子商务、市场营销、国际贸易等相关从业人员的参考用书。

十四、《信息源和信息采集》

沈固朝、施国良编著,清华大学出版社 2012 年 10 月出版。

信息无处不在、无时不有、无人不用。信息采集除了从有序的信息中进行检索,还要从大量无序的信息源中查找信息,包括实物信息、言语信息、视觉信息、人际信息等。信息的载体日益复杂,信息采集方式和手段也多种多样。因此本书从传统采集工具和方法延伸到以往没有关注的方面——除文献以外的其他载体,除检索以外的其他方式,除计算机以外的其他工具和手段等。本书为10章,内容包括信息采集及其理论基础、信息源及其特征、信息采取工具及信息采集策略、信息采集技术、文献信息的采集、言语信息采集、视觉信息与实物信息的采集、网络信息的采集、采集信息的处理、信息采集的法律规范和道德自律。描述了各种方法、技术和工具各自的特点和长处,对它们加以比较,以便读者合理分析各种采集方法,以取长补短,拓展信息获取的思路和途径。

十五、《竞争情报理论、方法与应用》

马自坤、吉利编著,中国社会科学出版社2016年1月出版。

本书分三部分论述了竞争情报的理论、方法和应用。竞争情报理论篇的主要内容有:竞争情报的起源与发展、竞争情报概述、竞争情报的主要研究内容、竞争情报工作体系与竞争情报系统和反竞争情报。方法篇的主要内容有:竞争情报方法和技术是竞争情报研究的核心要素,也是决定着竞争情报决策成败的关键。方法与技术是实现竞争情报应用和服务的关键支撑,也是竞争情报系统中极具有生命力的组成部分。应用篇主要运用竞争情报的理论和方法对晋煤集团产业发展竞争力和云南烟草制品业进行了分析。

十六、《信息检索导论》

[美]克里斯托夫·曼宁、[美]普拉巴卡尔·拉格万、[德]欣里希·舒策著,王斌、李鹏译,人民邮电出版社2019年7月出版。

本书是信息检索的教材,旨在从计算机科学的视角提供一种现代的信息检索方法。书中从基本概念讲解网络搜索以及文本分类和文本聚类等,对收集、索引和搜索文档系统的设计和实现的方方面面、评估系统的方法、机器学习方法在文本收集中的应用等做了生动详尽的讲解。

十七、《运筹学》(原书第 2 版)

[美]罗纳德·L.拉丁著,肖勇波、梁湧译,机械工业出版社 2018 年 6 月出版。

本书是罗纳德 L.拉丁所著的经典教材,时隔 18 年首次修订,面向本科生[姊妹篇《离散优化》(*Discrete Optimization*)针对研究生阶段的学生,1988 年问世],首版于 1998 年,被美国工业工程师协会(IIE)评选为年度图书。本书宗旨是给不同学科背景的读者提供运筹学学习的全面指南。涵盖运筹学的全部内容(整数、非整数算法,网络编程,动态数学建模等),加入了众多主题和案例,每种算法和分析都配有一个小故事和计算练习。修订版本提升了本书作为本科生教材的难度,与研究生阶段的内容衔接更为紧密,同时又可作为研究、专业人员的自学和参考用书。已被普渡大学、加州大学欧文分校、华盛顿大学等高校采用。

第三节 专业名刊

一、《科学计量学》(双月刊)

(*Scientometrics*,1978—,Amsterdam:Elsevier Scientific Pub. Co.)

本刊是由匈牙利出版的一份权威性的国际期刊,主要刊载科学计量学领域的研究论文、短讯和评论,为介绍科学计量研究方法、开展不同学术观点的争鸣提供了最广泛的国际环境。因刊载许多计量学的研究性文章,受到了图书馆和情报学专家的特殊重视。

二、《情报处理与管理》(双月刊)

(*Information Processing & Management*,1975—,Oxford:Pergamon Press)

本刊是图书馆学情报学领域一份重要的国际科学期刊,研究情报学的产生、组织、存储、检索、传递及利用,涉及情报科学、计算机科学、认知科学等相关学科。内容包括基础理论与应用研究,具体讨论检索技术的文本处理、专家系统、人机界面、多媒体技术、数据处理与评价技术以及情报网络管理等方面的问题。

三、《情报学杂志》(双月刊)

(*Journal of Information*,1979—,Amsterdam:Worth-Holland Pub. Co.)

本刊内容涉及有关情报学各方面的理论与实践,包括知识与知识交流、情报源、情报管理、情报传播、情报技术的创新与转让等,涉及数字、语言和经济学等学科知识;编委会由世界各地的专家学者组成。因此,本刊影响力较大,其中一些文章被认为是情报学的权威之作。本刊被公认为情报学领域的重要期刊,被SSCI等五种重要索引刊物收录。

四、《情报展望》(月刊)

(*Information Outlook*,1997—,Washington D.C.:The Association)

本刊是美国专门图书馆协会新出版的学术刊物,以取代两本传统的期刊《专门图书馆》和《专家》。美国专家图书馆协会努力使该刊成为一本活泼新颖、有趣味的相关出版物,同时研究的范围也更加广泛。

五、《图书馆学情报学文摘》(月刊)

(*Library and Information Science Abstract*,1969—,London:Library Association)

文摘月刊,简称LISA,由英国图书馆协会于1950年出版,1968年以前称《图书馆学文摘》,1969年以后改现名,并增加情报学内容,是图书馆学情报学领域专业性、学术性、国际性最强的二次文献刊物。检索主题词分三级,有主题索引。目前,LISA各印刷本、数据库和光盘通过SDC的ORBIT系统和DIAIOG系统,可进行联机检索(限1969—1975年)。1993年发行的光盘 LISA Plus 收录了 1981 年以来用 30 多种语言出版的 350 种期刊上的 10 万多条引文。

六、《情报学文摘》(双月刊)

(*Information Science Abstracts*,1966—, New York：Plenwn Publishing Corporation)

简称 ISA,收录文献学和情报科学以及与此相关的其他学科的文献。收录重点是期刊论文、书籍、会议录、技术报告,非连续性出版物、专刊、会议录所占的比例较大,所摘引的期刊达 300 种。被摘引的文献一般是两年内发表的。文摘正文按主题分类编排,后附主题索引、著者索引和连续数据(continuity data)。该文摘可通过 DIALOG 公司进行联机检索,另有光盘版。

七、《情报学报》(月刊)

中国情报学界的最高学术刊物,为情报科学、信息管理、图书馆学领域的核心期刊,中国科技论文统计分析和中国社科论文统计分析的选用期刊。主要报道本学科领域的学术论文、研究报告和综述评伦。内容包括:信息收集、加工、存储、检索、分析研究、传递与应用中的理论和方法;信息经济、信息产业、信息市场和用户研究;信息服务,信息工作的组织、管理和政策研究等。特别欢迎有实验研究、调查研究和定量分析和论文。

八、《管理工程学报》(季刊)

由国家教委管理工程专业教学指导委员会出版委托浙江大学主办的全国唯一与管理工程学科领域相对口的学术性刊物,创刊于 1988 年,由全国高等院校有影响的管理科学与管理工程的专家组成编委会,领导该刊的编辑出版工作。设有论文、研究简报、外论评介等版块。旨在反映我国管理科学、管理理论、管理教育及管理科研的最新成果,提出重大管理问题,引导我国管理工程的发展。

九、《数据分析与知识发现》

《数据分析与知识发现》(Data Analysis and Knowledge Discovery)是由中国科学院主管、中国科学院文献情报中心主办的学术性专业期刊。期刊创办于 2017 年,由《现代图书情报技术》(1985—2016)更名。期刊聚焦各行各业中以大数据为基础,依靠复杂挖掘分析,进行知识发现与预测,支持决策分析和政策制定的研究与应用,致力于提供理论指导、技术支持和最佳实践。

十、《电子与信息学报》(月刊)

由中国科学院主管,中国科学院电子学研究所和国家自然科学基金委员会信息科学部主办的国家权威学术期刊。原名《电子科学学刊》,2001 年更名,它是电子科学与信息技术高级综合性学术刊物,主要反映我国电子科学与信息技术的最新研究成果和技术进展。

第四节 专业相关网站介绍

一、e 线图情(http://www.chinalibs.net/)

e 线图情是面向图情界、图情理论界、图情教学界、图情协会界以及图情企业界和个人提供数据库服务、深度研究、专业咨询的专业网站,囊括了数字图书馆领域中理论、技术、产品、市场、协会等各个方面的内容。它是图情界进行数字图书馆建设不可缺少的智囊。主要设学者、聚焦、海外、国内、热点、专题、论文等版块,包括风云人物、行业聚焦、新馆写真、国际动态、图情要闻、国际图联、国际会议、国内会议、e 线速递、雷速动态、图情人物、产品市场、行业协会、图情机构、馆刊集萃、理论技术、研究报告、图书馆建设等栏目。旨在介绍最新最详细的图书馆学、情报学领域的知识动态和学术研究,为学科发展提供详实有效的趋势说明。

二、中国科学技术情报学会竞争情报分会(http://www.scic.org.cn/)

中国科学技术情报学会竞争情报分会,对外亦称中国竞争情报研究会(Society of Competitive Intelligence of China,简称 SCIC),是经中国科协批准、民政部登记,于 1995 年 4 月成立的全国性竞争情报从业者的学术性群众团体,是中国科学技术协会的组成部分。现拥有 289 家团体会员单位,911 名个人会员,涵盖了全国行业情报信息机构、地方省市情报机构、企业与院校等情报研究和信息咨询人员两万多人。主要组织竞争情报理论和实践的学术研究和交流活动,普及竞争情报知识,传播竞争情报技能,开展竞争情报咨询服务;帮助企业获得竞争优势,发展国际竞争情报的合作与交流,维护竞争情报从业者的合法权益,奖励优秀论文和优秀人才,编辑出版竞争情报学术书刊和科普读物。分会成立以来,开展了一系列有影响力的学术交流、普及培训和咨询服务活动,其中的"中国竞争情报年会""春之声沙龙""走进企业——最佳实践与现场交流"等活动已经打造成为业界品牌,受到广泛关注和参与;牵头出版 11 部竞争情报专著;与美、日、法、德、加拿大、巴西等 8 个国家的竞争情报专业组织建立了合作关系,为提高我国企业竞争力、加速发展信息咨询业做出了贡献。

本章小结

本章是信息管理与信息系统专业的学习辅导,主要详细介绍本专业的专业名人、专业著作、专业刊物以及专业网站。通过学习本章,可以熟悉信息管理与信息系统专业的知名学者,知晓本专业的大致研究领域和方向;熟悉本专业的教材著作,拓展学科知识的广度和深度;熟悉相关的专业刊物和网站,了解本专业最新的发展动态和趋势,为专业学习打下坚实的基础。

参考文献

[1] 朱庆华. 信息分析:基础、方法及应用[M]. 北京:科学出版社,2004.

[2] 党跃武,谭祥金. 信息管理导论.[M]. 2版. 北京:高等教育出版社,2006.

[3] 乔好勤. 信息管理学研究方法导论[M]. 北京:北京图书馆出版社,2007.

[4] 邱均平. 信息计量学概论[M]. 武汉:武汉大学出版社,2019.

[5] 拉尔夫·泰勒,主编;罗康,张阅,译. 课程与教学的基本原理(英汉对照版)[M]. 北京:中国轻工业出版社,2008.

[6] 黄梯云,李一军. 管理信息系统[M]. 7版. 北京:高等教育出版社,2019.

[7] 马费成,宋恩梅,赵一鸣. 信息管理学基础[M]. 3版. 武汉:武汉大学出版社,2018.

[8] 张士玉. 信息管理与信息系统专业导论教程[M]. 2版. 北京:清华大学出版社,2017.

[9] 《中国大百科全书》总编委会. 中国大百科全书[M]. 2版. 北京:中国大百科全书出版社,2009.

[10] [美]艾伦·奥恩斯坦,[美]弗朗西斯·P. 亨金斯. 课程论:基础、原理和问题(第7版)[M]. 上海:华东师范大学出版社,2020.

[11] 《中国情报学百科全书》编委会. 中国情报学百科全书[M]. 北京:中国大百科全书出版社,2010.

[12] 教育部高等学校管理科学与工程类学科专业教学指导委员会,国际信息系统协会中国分会. 中国信息系统学科课程体系2011[M]. 北京:清华大学出版社,2011.

[13] 马费成,宋恩梅.《信息管理学基础》案例与实验教程[M]. 武汉:武汉大学出版社,2012.

[14] 沈固朝,施国良. 信息源和信息采集[M]. 北京:清华大学出版社,2012.

[15] 张基温,史林娟,张展为,等. 信息化导论[M]. 北京:清华大学出版社,2012.

[16] 中华人民共和国教育部高等教育司. 普通高等学校本科专业目录和专

业介绍(2012年)[M].北京:高等教育出版社,2012.

[17] 余扬.高考专业报考全新导读(经、管、农、医)——解读教育部本科专业最新目录[M].西安:西安电子科技大学出版社,2013.

[18] 邱均平,汤建民,赵蓉英,等.中国大学及学科专业评价报告(2020—2021)[M].北京:科学出版社,2020.

[19] 岳剑波.信息主管(CIO)在企业信息化浪潮中的地位与作用[J].情报资料工作,1999(3):38-41.

[20] 孙风梅,李月诚.谈谈医学院校信息管理与信息系统专业的学科建设[J].图书情报知识,2003(2):33-34.

[21] 王守宁,司光昀.我国CIO现状及发展研究[J].情报科学,2004,22(6):757-764.

[22] 赵玉虹,侯跃芳.信息管理与信息系统(医学)专业课程体系改革思路[J].中国高等医学教育,2005(5):51-53.

[23] 李松涛.医学信息管理专业学生的培养方式[J].医学信息(西安上半月),2006,19(9):538-1539.

[24] 郑荣,靖继鹏,周志强.基于多学科融合的信息管理与信息系统专业教育体系构建研究 [J].情报科学,2006,24(1):8-11.

[25] 陈传夫.专题:iSchool运动与图书馆学情报学教育变革[J].图书情报工作,2007,51(4):5.

[26] 任宏德.信息管理与信息系统专业实践能力培养的研究[J].科技信息(科学教研),2007(11):315-316.

[27] 叶明全,吴少云.信息管理与信息系统(医学)专业课程体系设置[J].医学信息学杂志,2007,28(5):524-526.

[28] 殷晓永,杨帆,韩永胜.优化信管专业课程设置促进创新人才培养[J].中国管理信息化(综合版),2007,10(1):2-3.

[29] 付兴奎.信息管理与信息系统专业的兴起及其学科体系的构建[J].现代情报,2008,28(11):62-66.

[30] Michael D Myers,黄彦.走向成熟:信息系统学科的演变[J].信息系统学报,2008,2(2):110-117.

[31] 孙扬波,赵臻,陈达,等.医学院校信息管理与信息系统专业实践教学模式探讨[J].湖北中医学院学报,2008,10(1):69-70.

[32] 宛楠.医学信息管理专业教育现状和改革设想[J].医学信息(上旬刊),2008,21(5):647-650.

[33] 于丽娟.信管专业应用型人才培养综合性课程构建[J].中国管理信息化,2008,11(18):4-5.

[34] 谷震离.信息管理与信息系统专业建设与人才培养[J].广东技术师范学院学报(自然科学版),2010,31(9):55-57.

[35] 张斌,曹力,孙文杰.学习方法漫谈[J].中国电力教育,2010(30):91-93.

[36] 李莹,常金良,马宝英.医学院校信息管理与信息系统专业实践教学中的问题与对策[J].西北医学教育,2011,19(5):916-917.

[37] 吴磊,李舒.论中医院校信息管理与信息系统专业人才的培养[J].医学信息,2011,24(13):4067-4068.

[38] 赵泉.对信息管理与信息系统专业定位的思考[J].中国管理信息化,2012,15(1):80-81.

[39] 梅松青,周洪建,曾莉.医学院校信息管理与信息系统新专业建设探讨[J].现代计算机(中旬版),2013(8):32-34.

[40] 王玮,夏辰安,董小英,等.CIO,大家熟悉吗?[J].国企,2013(10):112-115.

[41] 张智兵.中医院校信息管理与信息系统本科专业教育研究[D].湖北中医药大学硕士学位论文,2013.

[42] 王晓光.范式通约:信息管理学科三大范式的互动及其未来发展[EB/OL].[2021-10-10].http://blog.sciencenet.cn/home.php?mod=space&uid=67855&do=blog&id=747422.

[43] ALA. Accredited Library and Information Studies Master's Programs from 1925 through Present[EB/OL].[2021-10-10].http://www.ala.org/accreditedprograms/directory/historicallist.

[44] 国家卫生健康委员会.2021中国卫生健康统计年鉴[M].北京:中国协和医科大学出版社,2021

[45] 叶继元.信息组织[M].2版.北京:电子工业出版社,2015.

[46] [美]斯蒂芬·哈格,梅芙·卡明斯.信息时代的管理信息系统(英文版,原书第9版)[M].北京:机械工业出版社,2017.

[47] 朱晓峰主编.大数据分析与挖掘[M].北京:机械工业出版社,2019.

[48] [美]克里斯托夫·曼宁,[美]普拉巴·卡尔.信息检索导论[M].北京:人民邮电出版社,2019.